jorge amado e josé saramago
com o mar por meio
uma amizade em cartas

SELEÇÃO, ORGANIZAÇÃO E NOTAS
Paloma Jorge Amado, Bete Capinan e Ricardo Viel

COMPANHIA DAS LETRAS

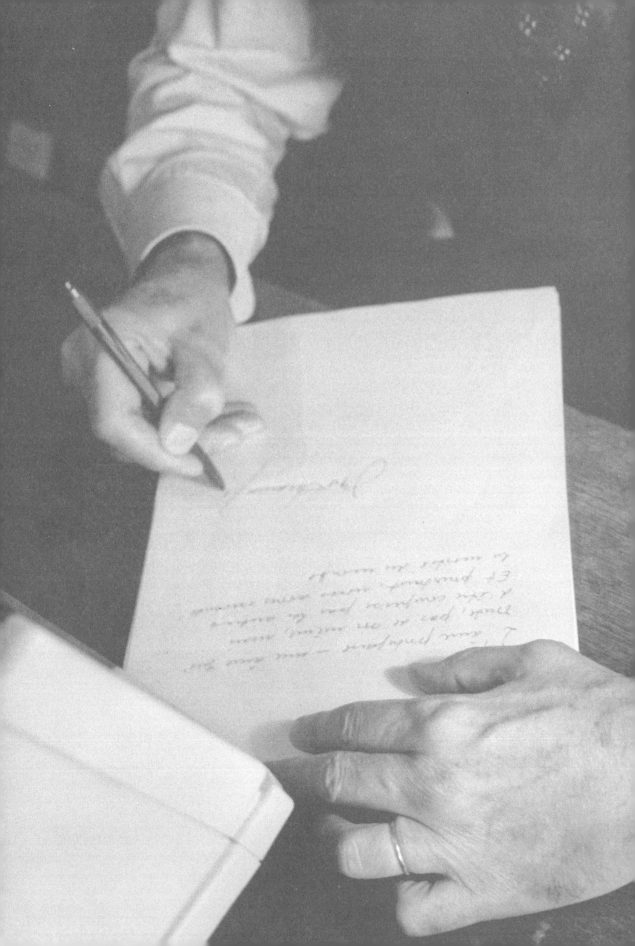

"Esta mensagem vai na letra gorda para que não se perca nos azares da transmissão nem um só sinal da nossa amizade, deste carinho tão bonito que veio enriquecer de um sentimento fraterno uma relação nascida tarde, mas que, em lealdade e generosidade, pede meças à melhor que por aí se encontre." **josé saramago**
(jorge amado também a assinaria)

jorge & josé
amado saramago

Em 1986, quando foi criada a Fundação Casa de Jorge Amado, o escritor entregou à instituição dezenas de caixas de correspondência, com toda uma vida de missivista fervoroso. A essas caixas, novas foram se somando ao longo dos quinze anos que o escritor ainda viveu. Hoje, dos 250 mil documentos que compõem o acervo da FCJA — entre originais dos livros, adaptações para teatro, cinema e televisão, artigos de jornais e revistas, documentos pessoais, prêmios e condecorações —, cerca de 70 mil são cartas.

Myriam Fraga, diretora executiva da Casa por trinta anos, recebeu do escritor, junto com as caixas lacradas, um pedido, por escrito, para que elas só fossem abertas cinquenta anos após sua morte. Myriam ponderou com ele que não estaria viva para garantir tal pedido e também chamou sua atenção para a importância histórica e cultural que elas abrigavam. A resposta de Jorge Amado foi: "Use seu bom senso. Você saberá o que pode vir a público antes disso".

Tornar público é uma coisa, abrir as caixas e organizar seu conteúdo, outra.

Quando Jorge ainda estava vivo, a correspondência trocada com o cineasta Glauber Rocha, por exemplo, foi tratada e tornada pública por ocasião da publicação do livro *Cartas ao mundo*. Mas foi só em 2015 que o acervo das cartas de Jorge Amado começou a ser organizado de forma sistemática. Bete Capinan e a equipe da FCJA, que já haviam tratado os 30 mil negativos do arquivo fotográfico de Zélia Gattai, passaram a se dedicar de corpo e alma a essa tarefa, com minha participação na identificação de nomes, épocas, fatos.

A escolha da correspondência para o processo de digitalização foi feita pela data do envio, pois as cartas começavam em 1930. A partir dos anos 1990, é grande a quantidade de fax, alguns em papel térmico, já muito apagados, que foram copiados a tempo de preservar suas informações. Homem muito disciplinado e organizado, qualidades exacerbadas pelos anos de militância comunista, a partir de certo momento (e com o advento das copiadoras) Jorge passou a reproduzir as cartas enviadas, o que nos garante, em alguns casos, os dois lados da correspondência. Foram privilegiadas também as cartas trocadas entre Jorge Amado e alguns escritores importantes do nosso tempo, como Carlos Drummond de Andrade, Pablo Neruda, Nicolás Guillén, Ferreira de Castro, João Ubaldo Ribeiro, Erico Verissimo e José Saramago.

Estávamos justamente trabalhando com as cartas de José Saramago, animadas com a possibilidade de publicarmos um livro ilustrado com as imagens do nosso acervo, quando recebi uma mensagem de Pilar del Río, minha amiga e mulher de José. Vinha com a maravilhosa ideia de fazermos uma Casa Amado-Saramago na Flip de 2017. Explosão de alegria. Temos com certeza uma ligação muito forte, permeada pela tarefa de preservar e dar continuidade ao legado tão importante recebido dos nossos mais queridos, pai e marido. Escrevi para Pilar sobre o livro que estávamos preparando. A resposta foi imediata: naquele exato dia, a Fundação José Saramago havia entregado o espólio do escritor português à Biblioteca Nacional de Portugal. Todo? Não! As cartas do amigo Jorge Amado tinham sido separadas, pois pensavam em um belo livro... Enviamos então nosso boneco para Lisboa, novas missivas foram acrescentadas, mais alguns textos, fotos a mais e... Aí está ele! O livro dos dois amigos, dois grandes nomes da língua portuguesa, que se queriam bem, que de tudo conversavam e que marcaram o século xx com seus talentos.

Ficamos orgulhosos do resultado e ainda mais orgulhosos em trabalhar de forma entranhadamente unida com a Fundação José Saramago.

Só me resta desejar boa leitura!

Salvador, maio de 2017
Paloma Jorge Amado
Fundação Casa de Jorge Amado

jorge & josé
amado saramago

[LISBOA] [DEZEMBRO DE 1992]
Queridos Zélia e Jorge,
infelizmente não podemos estar em Paris convosco.
Urgências que têm que ver com a casa que estamos
terminando em Lanzarote não permitem a viagem.
Acompanharemos de longe essa mais do
que merecida glória: criador de festas humanas
(no mais superior sentido da palavra) é justo que
a festa rodeie Jorge nestes dias e para o futuro.
Estivemos ausentes um mês, daí as dificuldades.
Mas agora aí fica o endereço, a que juntaremos
outro oportunamente, o de Lanzarote.
Achas que vale realmente insistir no Nonino?[1]
Se eles consideram que o Grinzane[2] é obstáculo
(mas por quê, santo Deus?), o melhor será deixar cair.
Não andamos a mendigar prémios nem tu nem eu.
Beijos da Pilar, abraços,
José

MORILLA, 10 DE FEVEREIRO DE 1993
Querido José, pensei que nos encontraríamos
neste Fórum Jovem,[3] o que não acontecerá porque
participo da primeira semana do encontro, tu
participarás da terceira. Assim sendo, deixo com
o Armindo Freitas Magalhães,[4] que participa do
evento, cópias de alguns materiais relativos à
Académie Universelle des Cultures — apresentei
teu nome, juntamente com os de Oscar Niemeyer[5]
e Ernesto Sabato[6] para completar o quadro dos
acadêmicos. Espero tenhas recebido a cópia que
te enviei de minha proposta feita durante a reunião
de 29 de janeiro (os documentos que agora te
mando referem-se a esta reunião).
O Fórum Jovem parece-me rico de interesse.
Zélia junta-se a mim num beijo para Pilar
e num abraço afetuoso para ti.
Do velho leitor e amigo,
Jorge

---

1 Prêmio Nonino.

2 Prêmio Grinzane Cavour, recebido por Saramago pela obra *O ano da morte de Ricardo Reis*. Itália, 1987.

3 Foro Literario sobre Literatura y Compromiso, realizado em Mollina, na Espanha, do qual participaram José Saramago e Jorge Amado em fevereiro de 1993.

4 Armindo Magalhães (1966-), escritor português que, juntamente com José Saramago e Jorge Amado, foram os únicos representantes da língua portuguesa no I Encontro Eurolatinoamericano de Escritores, que decorreu em 1993, na cidade de Mollina, província de Málaga (Espanha).

5 Oscar Niemeyer (1907-2012), arquiteto brasileiro.

6 Ernesto Sabato (1911-2011), escritor argentino.

MORILLA, 11 DE FEVEREIRO DE 1993
Querido José,
aproveito a gentileza do Armindo Magalhães para te fazer saber que deixei na administração com Toni (uma espécie de anjo da guarda), para te ser entregue, uma pasta com material referente à Académie Universelle des Cultures.
Beijos de Zélia e meu para Pilar, abraço afetuoso para ti.
Do velho amigo,
Jorge

TIAS, 12 DE FEVEREIRO DE 1993
Querido Jorge: teria gostado de escrever-te para Morilla, mas pensei que regressarias a Paris depois do teu "turno", e portanto a Paris escrevo. Encontrei a tua carta numa passagem de dois dias por Lisboa, e devo dizer-te que me surpreendeu. Não a tua proposta, que é uma demonstração mais da tua amizade por mim e do carinho com que tratas a portuguesa terra, mas eu é que não me imagino facilmente *en me coudoyant*[7] com todas as sumidades que vão povoar essa Academia Universal das Culturas. Por outro lado, que vamos nós fazer lá? Enfim, se a iniciativa te parece séria, e se a minha candidatura for aceita, já tenho certos e garantidos três "parentes" próximos: tu, o Sabato e o Niemeyer. Até podemos constituir, no interior da Academia, uma academia particular nossa...
Já estamos instalados em Lanzarote, numa casa a que chamei "A Casa", e onde espero receber-vos um dia. Pensem nisso.
Beijos meus e da Pilar para a Zélia. Para ti, o grato e grato abraço do José

---

[7] Me ombreando.

"Já estamos instalados em Lanzarote, numa casa a que chamei 'A Casa', e onde espero receber-vos um dia." **josé e pilar**

TIAS (LANZAROTE), 17 DE MARÇO DE 1993
ESCRITOR JORGE AMADO
HOTEL ATLÂNTICO, ESTORIL
Querido Jorge: recebi o cartão escrito em Paris, e dou-me pressa para dizer que estaremos em Lisboa no dia 21, regressando a Lanzarote no dia 1º de abril. Se vocês não têm a agenda demasiado cheia, se sobra nela o tempo de um almoço ou de um jantar, mau seria se não aproveitássemos a ocasião, depois de termos falhado tantas. No dia 22, telefonamos para o hotel.
Os materiais sobre a Academia foram-me pontualmente entregues por Toñi. Agradeço muito o teu empenho e o carinho com que acompanhas o caso.
Também acho que o Fórum Jovem foi interessante. Como de costume, demonstrada a boa-fé dos velhos, apaziguada a desconfiança dos novos, na hora de acabar é que as coisas estavam maduras para começar. Não sei se também ficaste com esta impressão no final do teu "turno". Quanto a mim, tentei tirar da cabeça daquela mocidade (alguma não tanto, quer de corpo, quer de espírito) a nefanda ideia moderna de que o escritor só tem de estar comprometido com a sua obra... Espero que possamos conversar, a quatro, dessas e todas as outras coisas mais.
**Um duplo beijo para Zélia, um duplo abraço para ti.
José**

TIAS (LANZAROTE), 18 DE MARÇO DE 1993
ESCRITOR JORGE AMADO
HOTEL ATLÂNTICO, ESTORIL
Querida Zélia, querido Jorge: se o dia 23, ao
almoço, está bem para vocês, lá vos apareceremos
no Estoril, salvo se os afazeres vos levarem
na manhã desse dia a Lisboa. Telefonaremos,
para sabê-lo quando chegarmos.
Não duvidando que Portugal seja muito pátria
de vocês dois, é com certeza muito mais minha.
Logo, em nome da boa lógica, somos nós
que vos convidamos, como implícito estava já
no fax antes deste...
A distribuição dos beijos e dos abraços faz-se
segundo o costume.
Vosso José

[18 MARÇO DE 1993,]
HOTEL ATLÂNTICO, ESTORIL
Chegando de Lisboa, encontramos vosso fax.
Infelizmente deveremos almoçar no dia 23 na
Embaixada do Brasil; foi-nos impossível recusar.
Temos três opções para nosso encontro: jantar
a 25, almoço ou jantar a 26. Restaurante em Lisboa,
pois a 25 iremos para Lisboa, logo após o almoço,
onde ficaremos até embarcar para o Brasil.
**Um beijo
da Zélia**
Espero que a letra da Zélia seja mais legível que
a minha. Dado que já não temos livre o almoço de
23, aceitamos ser vossos convidados.
**Um abraço do vosso
Jorge Amado**

Hotel Atlântico
MONTE ESTORIL - PORTUGAL

de Zélia e Jorge Amado
para
Pilar e José Saramago
FAX 34.28 - 51.02.99 - Canárias

Chegando de Lisboa encontramos vosso fax. Infelizmente deveremos almoçar no dia 23 na Embaixada do Brasil; foi-nos impossível recusar. Temos ~~três~~ opções para nosso encontro: jantar a 25, almoço ou jantar a 26. Restaurante em Lisboa, pois a 25 iremos para Lisboa, logo após o almoço, onde ficaremos até embarcar para o Brasil.

Um beijo
da Zélia

Espero que a letra da Zélia seja mais legível que a minha. Dado que já não temos livre o almoço de 23, aceitemos ser vossos convidados. Um abraço do velho J.

TIAS (LANZAROTE), 19 DE MARÇO DE 1993
ESCRITORA ZÉLIA GATTAI
HOTEL ATLÂNTICO, ESTORIL
Querida Zélia, querido Jorge: de acordo para
o dia 25. Podemos jantar num restaurante simples
que há na Madragoa e que foi, durante muitos
anos, a minha sala de jantar? Chama-se Varina da
Madragoa e está na rua das Madres, tudo nomes
da melhor cepa lusitana.
Não se preocupem com responder-nos já.
Quando chegarmos a Lisboa, telefonaremos para
ter a confirmação.
Como sempre, o que é da mulher prevalece sobre
o que é do homem. A letra da Zélia, caro Jorge, em
elegância e clareza, deixa a tua de rastos. Percebes
agora por que, sempre que posso, uso as caligrafias
mecânicas e eletrónicas, mais estas, atualmente?
Com todo o carinho da Pilar e do José.

BAHIA, 20 DE ABRIL DE 1993
Queridos Pilar e José: aqui estamos até fins de
maio, nos primeiros dias de junho passaremos por
Portugal indo para Paris.
— A Paloma enviou para vocês a historinha dos
turcos?
Aqui o sufoco é grande, problemas imensos,
atraso político inacreditável, a vida do povo dá
pena, um horror.
**Beijos de Zélia e abraços para vocês dois do velho
Jorge**

8 de maio — José Saramago, *Cadernos de Lanzarote*[8]
Jorge Amado escrevendo do Brasil: "Aqui o sufoco é grande, problemas imensos, atraso político inacreditável, a vida do povo dá pena, um horror". Diz-me que até ao fim do mês estará na Bahia, que passará por Lisboa antes de seguir para Paris. Esta vida de Jorge e Zélia parece do mais fácil e ameno, uma temporada aqui, uma temporada ali, viagens pelo meio, em toda a parte amigos à espera, prémios, aplausos, admiradores — que mais podem esses dois desejar? Desejam um Brasil feliz e não o têm. Trabalharam, esperaram, confiaram durante toda a vida, mas o tempo deixou-os para trás, e, à medida que vai ele passando, é como se a própria pátria, aos poucos, se fosse perdendo, também ela, numa irrecuperável distância. Em Paris, em Roma, em Madrid, em Londres, no fim do mundo, Jorge Amado recordará o Brasil e, no seu coração, em vez daquela lenitiva mágoa dos ingénuos, que é a saudade, sentirá a dor terrível de perguntar-se: "Que posso eu fazer pela minha terra?" — e encontrar como resposta: "Nada". Porque a pátria, Brasil, Portugal, qualquer, é só de alguns, nunca de todos, e os povos servem os donos dela crendo que a servem a ela. No longo e sempre acrescentado rol das alienações, esta é, provavelmente, a maior.

TIAS (LANZAROTE), 18 DE MAIO DE 1993
Querido Jorge, querida Zélia,
a inquietação é muita, mas a esperança é maior. Uma torre como essa não cai assim.[9] Não tardará a recuperação e o regresso da saúde, e se certamente já não poderemos encontrar-mos em Lisboa, no princípio de junho, pronto virão outras ocasiões. Se o espírito serve para alguma coisa nestes casos, asseguramos-te, querido Jorge, que o nosso está a usar de toda a força para te ajudar, em união com teus infinitos amigos e leitores.
Para ambos, Zélia, Jorge, todo o nosso carinho.
Seguiremos daqui o evoluir do acidente, preocupados, mas confiantes.
Pilar, José

[8] José Saramago, "Diário I". In: *Cadernos de Lanzarote*. São Paulo: Companhia das Letras, 1997.

[9] Jorge Amado enfartou a 13 de maio de 1993.

jorge & josé
amado saramago

"A inquietação é muita, mas a esperança é maior. Uma torre como essa não cai assim. [...] Se o espírito serve para alguma coisa nestes casos, asseguramos-te, querido Jorge, que o nosso está a usar de toda a força para te ajudar, em união com teus infinitos amigos e leitores." **josé e pilar**

jorge & josé
amado saramago

18 de maio — José Saramago, *Cadernos de Lanzarote*[10]
Assim são as coisas. Ainda há dez dias eu aqui escrevia umas linhas acerca de Jorge Amado, e acabo de saber que teve um enfarte. Fiz o que estava ao meu alcance, mandei-lhe duas palavras de ânimo: "Uma torre dessas não cai assim", disse — e espero que não caia mesmo. Morre-se sempre demasiado cedo, ainda que seja aos oitenta anos. Mas o Jorge escapará desta, tenho a certeza. Agora, com a convalescença e o obrigado repouso, não poderá fazer a viagem a Paris que tinha aprazada para o princípio de junho (encontrar-nos-íamos em Lisboa, na passagem). Se não puder ser antes, voltaremos a estar juntos em Roma, no prémio da União Latina.
[...]

19 de maio
[...]
Ainda sobre a carta de Jorge Amado. Penso que o mal dos povos, o mal de nós todos, é só aparecermos à luz do dia no carnaval, seja o propriamente dito, seja a revolução. Talvez a solução se encontrasse numa boa e irremovível palavra de ordem: povo que desceu à rua, da rua não sai mais. Porque a luta foi sempre entre duas paciências: a do povo e a do poder. A paciência do povo é infinita, e negativa por não ser mais do que isso, ao passo que a paciência do poder, sendo igualmente infinita, apresenta a "positividade" de saber esperar e preparar os regressos quando o poder, acidentalmente, foi derrotado. Veja-se, para não ir mais longe, o caso recente de Portugal.

TIAS (LANZAROTE), 19 DE JUNHO DE 1993
Queridos Zélia e Jorge,
durante as duas semanas que estivemos ultimamente em Lisboa, ninguém soube dar-nos notícia da saúde de Jorge. Os jornais também nada dizem, mas se for certo, neste caso, o que afirma o ditado francês ("*pas de nouvelles, bonnes nouvelles*"),[11] então a convalescença estará em boa marcha. Porém, gostaríamos de uma palavra vossa para ficarmos completamente descansados; um simples <u>tudo bem</u> bastará.
Da Pilar, do José
Abraços fraternais, José Saramago

10 José Saramago, "Diário I". In: *Cadernos de Lanzarote*, op. cit.

11 "Sem notícias, boas notícias".

[SALVADOR,] [JUNHO DE 1993]
De Zélia e Jorge Amado
Para Pilar e José Saramago
Queridos Pilar e José, estamos chegando em casa, encontramos o fax que tanto me comoveu — e os médicos proíbem-me as emoções. De todo o coração, muito obrigado.
Ontem escrevi à Academia Universal das Culturas dois pequenos textos de informação e opinião sobre José Saramago e Ernesto Sabato, tendo em vista a próxima reunião da Academia quando as candidaturas — já aprovadas pela comissão — devem ser votadas.
Beijos de Zélia, abraços meus — estou mais do que comovido. Vosso, devoto,
Jorge

SALVADOR, 19 DE JUNHO DE 1993
Queridos Pilar e José,
estava eu hoje ditando a Paloma um fax
para vocês, quando recebi o vosso. Muito obrigado.
Estou bem, em plena recuperação há um mês
do enfarte.
Somente agora os médicos permitem-me
retornar à correspondência. Aqui agradeço, de todo
o coração, vossos faxes de hoje e de 18 de maio,
assim como a carta de José datada de 9 de maio, que
tanto me honrou e comoveu.
Infelizmente os médicos não me liberaram
para comparecer à reunião da Academia Universal
das Culturas, que se realizará em Paris a 29 deste
mês. Escrevi a meu amigo Yaşar Kemal,[12] também
membro da Academia, pedindo-lhe que zelasse
pelas candidaturas que indiquei — a de Oscar
Niemeyer, a de José e a de Ernesto Sabato — às quais
acrescentei a de Jack Lang[13] no momento em
que ele deixou de ser ministro da Cultura da França.
Logo que esteja liberado viajarei para Paris,
passando por Portugal. Gostaria de saber vosso
calendário para o mês de julho.
Quero felicitar José pela semana do autor realizada
em Madri, em maio. Somente agora recebi o
programa, mal encaminhado pelo correio para
El Salvador.
**Zélia, assim como meus filhos Paloma e João,
juntam-se a mim num beijo para Pilar e num
abraço afetuoso para José.
Vosso,
Jorge Amado**

12 Yaşar Kemal
(1923-2015),
escritor turco.

13 Jack Lang (1939-),
político francês.

19 de junho — José Saramago, *Cadernos de Lanzarote*[14]
Carta de Jorge Amado. Que está bem, em plena recuperação do enfarte. No entanto, não poderá assistir à reunião de 29 deste mês, em Paris, da Academia Universal das Culturas, onde iria apresentar as candidaturas de Oscar Niemeyer, Ernesto Sabato, eu próprio e também de Jack Lang, agora que ele deixou de ser ministro. Passou, por isso, a sua representação a Yaşar Kemal, aquele mesmo romancista turco (as voltas que a vida vai dando) que eu publiquei há muitos anos, quando trabalhava na Editorial Estúdios Cor... Na verdade, ignoro se há outros portugueses candidatos, ou mesmo se algum já teria sido feito "académico" antes. No que a mim se refere, a ideia foi do Jorge, mas, para falar francamente, não dou muito pelo acolhimento da magna assembleia. Se, porém, os caprichos do voto, ao contrário do que prevejo, se virarem benévolos para mim, terei de começar, por minha vez, a influir no sentido de virem a entrar em tão universal academia aqueles portugueses que de facto o mereciam: um Eduardo Lourenço, um José Mattoso, um Siza Vieira, um Pomar, um Óscar Lopes, um Mariano Gago...

TIAS, 2 DE JULHO DE 1993
Queridos Zélia e Jorge,
acabamos de receber aqui a notícia de
que o Camões foi para Rachel de Queiroz.[15]
Não discutimos os méritos da premiada,
o que não entendemos é como e porque o júri
ignora ostensivamente (quase apeteceria dizer:
provocadoramente) a obra de Jorge Amado.
Esse prémio nasceu mal e vai vivendo pior.
E os ódios são velhos e não cansam.
Caríssimo Jorge, no mais completo sentido destas
palavras, estamos contigo. E também com Zélia que,
como tu, estará sofrendo o amargor da ingratidão.
Grande e fraternal abraço,
José

Cartão enviado a Lanzarote dentro de um livro
PARIS, 10 DE JULHO DE 1993
Um abraço de Zélia e Jorge.

14 José Saramago, "Diário I". In: *Cadernos de Lanzarote*, op. cit.

15 Rachel de Queiroz (17/11/1910-04/11/2003), escritora brasileira.

JORGE AMADO

Paris 10/7/1993
Richard José,
um abraço de
Zélia e
[signature]

PARIS, [JULHO DE 1993]
Para José Saramago
Querido José, transmito informações que venho de receber, por telefone, de madame Françoise Barret-Ducrocq, secretária-geral da Académie Universelle des Cultures (o presidente é o prêmio Nobel da Paz Elie Wiesel),[16] sobre a reunião da Academia realizada a 29 de junho (à qual não pude comparecer por proibição médica):
1 — Foram indicados mas não foram votados os nomes dos novos membros, pois a chegada inesperada de Salman Rushdie[17] tumultuou a sessão final e a aceitação dos novos membros ficou adiada para a próxima reunião;
2 — Dos muitos nomes propostos, foram retidos e aprovados pela comissão encarregada da triagem apenas sete nomes;
3 — Entre os sete, estão dois dos quatro candidatos apresentados por mim: José Saramago e Ernesto Sabato. Foi deixado de lado o nome de Oscar Niemeyer por já estar o Brasil representado na Academia. O motivo parece-me fraco, penso trazer o nome de Oscar a nova avaliação. Quanto ao nome de Jack Lang, que eu apresentei posteriormente (após a derrota dos socialistas nas eleições recentes), está ainda em discussão, pois, em se tratando de personalidade política, é candidatura extremamente polêmica. A comissão recomenda ao plenário a incorporação de Saramago e Sabato.
Madame Barret-Ducrocq encarregou-me de pedir a Saramago e a Sabato o envio (rápido) de uma curta biografia para facilitar o trabalho do plenário — e para conhecimento da Academia, acrescento eu: vários membros são universitários: sociólogos, matemáticos, etnólogos (que nada sabem dos criadores de literatura e arte). Assim sendo, querido José, peço que envies dados teus, de vida e de literatura, o cidadão e o escritor, para madame Françoise Barret-Ducrocq, secretária-geral

16 Elie Wiesel (1928-2016), escritor romeno. Recebeu o prêmio Nobel da Paz de 1986.

17 Salman Rushdie (1947-), escritor britânico.

da Académie Universelle des Cultures: 33, Rue Saint Merri — 75004 Paris, França — fones (33 1) 44 78 14 47 e (33 1) 44 78 14 48.

Madame Barret-Ducrocq revelou, ao telefone, um conhecimento completo do nome de *l'écrivain portugais* Saramago: *"Oui, oui, je sais, oui, il est très connu"*.[18]

Bem, José, manda a biografia assim te seja possível. Informo ainda que eu e a Zélia sairemos amanhã de Paris — vamos fazer um cruzeiro marítimo, receita médica —, estaremos de volta a Paris a 27 deste julho, quando recomeçarei a escrever.

Estou contente de estar vivo e de ter amigos como Pilar e Saramago.

Beijos de Zélia e abraços meus afetuosos.
Vosso devoto, Jorge Amado

---

18 "Sim, sim, eu sei, sim, ele é muito conhecido."

LANZAROTE, 1993, DIA DO ANIVERSÁRIO DE JORGE AMADO

QUERIDO JORGE,

ESTA MENSAGEM VAI NA LETRA GORDA PARA QUE NÃO SE PERCA NOS AZARES DA TRANSMISSÃO NEM UM SÓ SINAL DA NOSSA AMIZADE, DESTE CARINHO TÃO BONITO QUE VEIO ENRIQUECER DE UM SENTIMENTO FRATERNO UMA RELAÇÃO NASCIDA TARDE, MAS QUE, EM LEALDADE E GENEROSIDADE, PEDE MEÇAS À MELHOR QUE POR AÍ SE ENCONTRE.

FOI LENDO 'EL PAIS' DE ONTEM QUE PILAR VIU QUE HOJE ERA O TEU ANIVERSÁRIO. VIVEREMOS POIS ESTE DIA COMO O DE UMA FESTA QUE TAMBÉM É NOSSA. POR VOSSA PARTE, ZÉLIA, JORGE, IMAGINAI QUE SÃO NOSSOS DOIS DOS LUGARES À VOSSA MESA E QUE DELES NOS LEVANTAREMOS, À HORA DOS BRINDES, PARA SAUDAR EM JORGE AMADO NÃO SÓ O GRANDE ESCRITOR, MAS TAMBÉM O HOMEM DE CORAÇÃO E A DIGNIDADE EXEMPLAR DE UMA VIDA.

LANZAROTE, 1993, DIA DO ANIVERSÁRIO
DE JORGE AMADO
Querido Jorge,
esta mensagem vai na letra gorda para que não se perca nos azares da transmissão nem um só sinal da nossa amizade, deste carinho tão bonito que veio enriquecer de um sentimento fraterno uma relação nascida tarde, mas que, em lealdade e generosidade, pede meças à melhor que por aí se encontre.
Foi lendo *El País* de ontem que Pilar viu que hoje era o teu aniversário. Viveremos pois este dia como o de uma festa que também é nossa. Por vossa parte, Zélia, Jorge, imaginai que são nossos dois dos lugares à vossa mesa e que deles nos levantaremos, à hora dos brindes, para saudar em Jorge Amado não só o grande escritor, mas também o homem de coração e a dignidade exemplar de uma vida.
Abraços fortíssimos, José
Felicidades. Um beijo muito forte para os dois.
Pilar

[LANZAROTE,] 10 DE AGOSTO [DE 1993]
Querido Jorge,
depois de aqui chegar o teu fax, que recebemos como um abraço, vimos em *El País* (outra vez ele) uma referência ao teu nome. Pensámos que vos gostaria saber desta lembrança de um leitor espanhol, e portanto aí vai.
La dame de l'académie[19] já me tinha escrito um cartão a agradecer a biografia, dizendo que esperava que se realizasse em dezembro "*le voeu de m. Amado*"...[20] A ti e só a ti se deverá.
Um beijo direto a Zélia. Antes ficou nos gerais.
Alegrias, José

---

19 Françoise Barret-Ducrocq (1940-), intelectual francesa e secretária-geral da Académie Universelle des Cultures.

20 "O desejo de M. Amado."

PARIS, 28 DE NOVEMBRO DE 1993
Queridos Pilar e José, com muitas saudades, aí
vão materiais da Academia Universal das Culturas
e o pequeno registro do prêmio da União Latina,
em *Le Monde*.
Depois de amanhã, terça (30), sairemos para Portugal
e, de lá, na madrugada de 7 de dezembro, iremos
para Bahia no voo direto da TAP, Lisboa-Salvador.
**Beijos e saudades de Zélia, o abraço afetuoso
do velho
Jorge**

SALVADOR, 22 DE DEZEMBRO DE 1993
Felizes festas e um 1994 de paz, alegria,
bom trabalho e sucesso cada vez maior.
Afetuosamente, Zélia e Jorge

TIAS, 24 DE DEZEMBRO DE 1993
Queridos Zélia e Jorge,
já se sabe que todos os dias são bons para desejar
felicidades aos amigos, mas, nesta época, no limiar
de um novo ano (circunstâncias que o cosmo
desconhece...) apetece rodeá-los de todos os votos
benéficos e de todos os abraços carinhosos. A isso
vimos. Que estes e os futuros dias sejam de muita
esperança e alegria.
José Saramago e Pilar
P.S.: *En nombre de todos los que habitan esta casa,
que son vuestros lectores y que también os desean lo
mejor. Un beso muy fuerte.*

FROM : JOSE SARAMAGO (34-28) 510299   PHONE NO. : 34 28 510299

TIAS, 24 DE DEZEMBRO DE 1993

QUERIDOS ZÉLIA & JORGE,

JÁ SE SABE QUE TODOS OS DIAS SÃO BONS PARA DESEJAR FELICIDADES AOS AMIGOS, MAS, NESTA ÉPOCA, NO LIMIAR DE UM NOVO ANO (CIRCUNSTÂNCIA QUE O COSMO DESCONHECE...) APETECE RODEÁ-LOS DE TODOS OS VOTOS BENÉFICOS E DE TODOS OS ABRAÇOS CARINHOSOS. A ISSO VIMOS. QUE ESTES E OS FUTUROS DIAS SEJAM DE MUITA ESPERANÇA E ALEGRIA.

J. Saramago

Pilar

En nombre de todos los que habitan esta casa, que son vuestros lectores y que también os desean lo mejor. Un beso muy fuerte.

SALVADOR, 11 DE JANEIRO DE 1994
Queridos Pilar e José, antes de tudo, obrigado pelo fax de Ano-Novo, que recebemos ao voltar de viagem a Sergipe.
Acreditamos que chegou por fim a oportunidade de virem por uns dias à Bahia. A Universidade Federal da Bahia realizará, de 23 a 28 de maio de 1994, simultaneamente, o v Encontro Nacional de Tradutores e o III Seminário de Ensino e Aprendizagem de Tradução, com o apoio da Abrapt (Associação Brasileira de Pesquisadores em Tradução). Os dois encontros terão como sede a reitoria da universidade, em Salvador, na Bahia.
O professor Aurélio Lacerda, diretor do Instituto de Letras da Universidade e organizador dos dois eventos, deseja transmitir a José Saramago um convite para vir à Bahia e deles participar. Vários outros escritores de renome internacional, além dos mais importantes tradutores do português para diversas outras línguas, estão sendo igualmente convidados. Nenhum deles de presença tão ansiosamente desejada quanto os escritores José Saramago e Gabriel García Márquez.
Pediu-me o professor Aurélio Lacerda que me empenhasse junto a você no sentido de aceitar o convite, e eu o faço gostosamente, pois é uma oportunidade para os seus muitos leitores baianos terem um contato com o mestre do romance.
Creio que Pilar e você gostariam da estada na Bahia. **Esperando que aceitem o convite da Universidade da Bahia, recebam um beijo de Zélia e um abraço afetuoso e amigo do velho com muita saudade, Jorge Amado**

TIAS (LANZAROTE), 11 DE JANEIRO DE 1994
Zélia, Jorge, queridos amigos, o professor Aurélio Lacerda sabia bem a que deus deveria dirigir-se para convencer este santo... Viesse o convite diretamente, não estivessem vocês aí, e o mais certo seria eu alegar inadiáveis compromissos e afazeres para me esquivar à viagem. E não porque não estimasse rever a Bahia e dá-la a conhecer a Pilar: é só o tempo que se vai tornando cada vez mais escasso...
Enfim, lá estaremos em maio. Com a alegria de voltar a estar com vocês e a certeza antecipada de que vamos passar uns dias felizes.
**Beijos e abraços segundo as conveniências,
José Saramago**
Atenção: A partir de 18 deste mês, o número do nosso telefone/fax passará a ser (34 28) 833 999.

11 de janeiro — José Saramago, *Cadernos de Lanzarote*[21]
**[...]
Chegou carta de Jorge Amado. O Instituto de Letras da Universidade da Bahia organiza em maio um encontro de tradutores e um seminário de ensino e aprendizagem de tradução para que serão convidados os mais importantes tradutores do português a outras línguas e uns quantos escritores ditos de renome (outra vez a palavra), entre os quais se espera que venham a estar presentes García Márquez e este português de Lanzarote. Pilar e eu lemos a carta ao mesmo tempo, e quando chegámos ao fim ela perguntou-me: "Que viagens temos em maio?". Ainda que não pareça decididamente explícito, foi uma maneira de dizer sim...**

BAHIA, 2 DE FEVEREIRO DE 1994
Qual é o novo número do fax de vocês?
Mande-nos por fax (55 71) 245 2133.
**Saudades de Zélia e do
Jorge**

[21] José Saramago, "Diário II". In: *Cadernos de Lanzarote*, op. cit.

[BAHIA,] [2 DE FEVEREIRO DE 1994]
Queridos amigos, saudades, muitas! O nosso fax da Bahia incendiou (isto mesmo: pegou fogo e botou fumação) no domingo, somente hoje reassume o posto (como conseguimos viver tanto tempo sem fax?).
Foi um belo espetáculo: o fax parecia um vulcão, fez-nos falta. Vale dizer que, além do fax, os peritos eletricistas de uma tevê conseguiram colocar fora de uso os três aparelhos de tevê, a secretária eletrônica, um computador e os jogos (vários) eletrônicos do neto Jorginho, uma catástrofe.
Aí vai página de *O Globo* de domingo. Obrigada, José, pela referência generosa.
Desejo saber se José comparecerá, como me informaram, a um encontro de escritores ibero-americanos, a 3 e 4 de maio, em Lisboa. Obrigada pela informação.
Para o casal lindo, beijos e abraços de Zélia (dela é a expressão "casal lindo", assim se refere a Pilar e José), Paloma, Rizia, João Jorge e do velho Jorge

[LANZAROTE,] 3 DE FEVEREIRO DE 1994
Queridos amigos,
quando lemos que o fax ardeu, pensámos que tivesse sido obra de alguma ardente comunicação de Madonna para Jorge... Logo vimos que não, que o desastre atingiu tudo e a todos. Que fará agora o neto[22] sem os seus jogos?
Obrigado pela página do *Globo*, o entrevistador foi de um escrúpulo total, o que quer dizer que não poderei esconder-me atrás dele se me forem encontrados demasiados disparates ou atrevimentos.
Não, não estarei em Lisboa nessa ocasião. O meu (nosso) destino, na altura, será Paris, um encontro na Sorbonne sobre a Europa e a cultura... Dali vamos a Praga, descansamos depois uma semana em casa e logo Bahia, a estar com vocês, que é o melhor do convite.
Zélia devia estar aqui para ver o sorriso de Pilar quando leu o do "casal lindo" — da expressão da minha cara, melhor é não falar. Zélia disse muitas coisas bonitas na vida (além das que escreve), mas poucas terão feito tão felizes as pessoas a quem se dirigiam. Por isso e por tudo, beijo-lhe, à moda antiga, as mãos.
No consigo añadir nada a lo que José ha expresado. Por tanto, prego un AMÉN, o hasta muy pronto — solo vosotros me hacéis ir a Brasil — y un beso muy fuerte. De todo corazón,
Pilar
Nada mais, José

22 Jorge Amado Neto.

"Zélia devia estar aqui para ver o sorriso de Pilar quando leu o do "casal lindo" — da expressão da minha cara, melhor é não falar. Zélia disse muitas coisas bonitas na vida (além das que escreve), mas poucas terão feito tão felizes as pessoas a quem se dirigiam."
josé e pilar

jorge & josé
amado saramago

SALVADOR, 4 DE FEVEREIRO DE 1994
Queridos Pilar e José,
Madonna não aconteceu por aqui, mas aconteceu
Yemanjá. Os dias de anteontem e ontem foram de
festas de candomblé, belas e cansativas. No dia 2
de fevereiro, "dia de festa no mar", na bela cantiga
de Dorival Caymmi,[23] fomos saudar Yemanjá aqui
no mar do Rio Vermelho. É uma festa muito bonita,
quando os pescadores levam suas oferendas para
que Yemanjá propicie um ano de boas pescarias:
cerca de quinhentos balaios com presentes
foram levados até mar alto por uma centena de
embarcações, a maioria saveiros. Tudo correu
bem e nós, família Amado, nos empanzinamos de
comida baiana em casa de simpáticos milionários
nossos amigos, que oferecem um tradicional
almoço de Yemanjá, desde há muitos anos, a cada
2 de fevereiro.
Ontem foi dia da inauguração do largo de
Pulchéria[24] (nome de uma mãe de santo do começo
do século), onde fica o candomblé do Gantois, no
qual reinou durante quase setenta anos a famosa
mãe Menininha do Gantois,[25] querida amiga,
minha e de Zélia. Foi uma festa emocionante a
inauguração da praça pela prefeita da cidade,[26]
prefeita de esquerda, seguida de festas no terreiro.
Nestes meses na Bahia as festas se sucedem, daqui
a uma semana começará o carnaval.
Quando, a pedido da universidade, transmiti a José
a intenção do convite para o encontro de tradutores
(creio que um dos temas trata das traduções dos
livros de José Saramago), omiti um detalhe que,
somente agora, revelo: Zélia e eu não estaremos
aqui no mês de maio, nas datas fixadas para o
evento. Compromissos tomados já há um ano nos
levam a Londres, onde estaremos por cerca de
quinze dias com obrigações diversas: uma semana
dedicada à cultura baiana, o lançamento da edição
inglesa de O sumiço da santa (a edição americana

[23] Dorival Caymmi (1914-2008), cantor e compositor baiano.

[24] Largo da Pulchéria fica no bairro da Federação, em Salvador.

[25] Maria Escolástica da Conceição Nazaré (1894-1986), mãe de santo conhecida como Menininha do Gantois.

[26] Lídice da Mata, do Partido Socialista Brasileiro (PSB), prefeita de Salvador de 1992 a 1996.

está tendo muito boa aceitação) e uma "leitura" no Royal Festival Hall. Isto significa que não estaremos na Bahia por ocasião de vossa vinda, como tanto desejaríamos. No entanto, pensamos que vocês devem vir mesmo em nossa ausência. Outros amigos, outros leitores, outros admiradores, muitos, cercarão José Saramago e sua mulher de atenção e carinho. Estou certo que vocês gostarão de estar na cidade, de andar pelo Pelourinho restaurado, de tratar com os intelectuais da terra e ter contato com o povo — vale a pena.
Zélia e Paloma juntam-se a mim num beijo e num abraço muito afetuoso para os queridos Pilar e José.
Vosso, devoto,
Jorge

22 de março — José Saramago, *Cadernos de Lanzarote*[27]
Por Jorge Amado, sempre atentíssimo aos amigos, soube que fui admitido como membro da Academia Universal das Culturas, de Paris, de parceria com Ernesto Sabato e alguns outros para mim desconhecidos. E porque a "felicidade", tal como se costuma dizer da "desgraça", quando vem, nunca vem só, chegou-me também hoje, da Fondation Adelphi, a grata notícia de que a minha já quase esquecida gabardina, depois de mil aventuras e perdições arrancada à burocracia dos caminhos de ferro belgas, está finalmente a caminho de Lanzarote...

27 José Saramago, "Diário II". In: *Cadernos de Lanzarote*, op. cit.

BAHIA, 22 DE MARÇO DE 1994
Para Pilar e José Saramago
Queridos Pilar e José, somente hoje recebi o *compte rendu*[28] da sessão plenária de 15 de dezembro de 1993 da Académie Universelle des Cultures. Somos mais uma vez companheiros, querido José, agora "acadêmicos universais" (pô!).
Saudades, tantas! Ficaremos no Brasil até 30 de abril, a 2 de maio estaremos em Lisboa; a 5, em Madri; a 7, Paris; de 15 a 25, Londres. Amanhã, aqui, nesta vossa casa do Rio Vermelho, ofereceremos um almoço a Mário Soares:[29] 50 convidados; os governadores da Bahia e Sergipe, escritores, pintores, mães de santo, obás de Xangô, a cultura baiana, axé!
Beijos de Zélia, abraços afetuosos do velho Jorge

LANZAROTE, 22 DE MARÇO DE 1994
Queridos Zélia e Jorge,
ficamos aprazados para maio, DIA 8, em Paris. Nós chegamos no dia 3. Deixarei um recado no gravador para dizer onde estamos. Partimos a 9 para Praga, portanto não podemos deixar fugir esse dia que vai em maiúsculas.
A burocracia da Académie não deve ser de uma extremada eficiência: uma resolução tomada em 15 de dezembro só agora é comunicada e, para que o principal interessado tome conhecimento dela, ainda é preciso a diligência e a amizade de alguém a quem não faltam outros cuidados. Enfim, meu querido Jorge, continuamos a ser companheiros, e oxalá que em muitas mais ocasiões e em muitos mais lugares. O melhor que tem a Académie é o privilégio de poder sentar-me a teu lado.
E, agora, um aviso muito sério. Parece-me excelente que ofereçam um almoço a Mário Soares. Porém, com algumas condições:

28 A ata.

29 Mário Soares (1924-2017), político português.

a) Não contratem, para servir, empregados de restaurante;
b) Se não tiverem outra solução, vigiem-nos, não seja o caso que eles se emborrachem enquanto os convidados não chegam;
c) Na hora de aquecer as comidas, tenham cuidado, não queime o cozinheiro as lentilhas;
d) Averiguem o estado do sistema nervoso de quem servir, pois é terrível ver o caldo em vias de entornar-se em cima dos ilustres visitantes e ouvir o tremelicar dos pratos ao serem retirados da mesa.
Meus queridos amigos, fala-vos a experiência. Também aqui almoçaram Mário Soares e Maria de Jesus[30] e foi um desastre... Pilar ainda tem pesadelos, e eu não percebo como pude sobreviver. Outra coisa: se a vossa mesa não é à prova de grua, se é frágil como a nossa, não se esqueçam de avisar que os cotovelos só devem pousar, caso contrário levareis um susto, pelo menos...
Façam o que vos dizemos, que é para vosso bem... Por nós, ficamos à espera de que o casal Soares possa um dia voltar a Lanzarote para comer dignamente, e se nessa altura puder estar também o casal Amado, então será ouro sobre azul.
Desejamos-vos um dia feliz.
Beijos da Pilar, abraços sem fim.
José

[30] Maria de Jesus Simões Barroso Soares (1925-2015), esposa de Mário Soares.

SALVADOR, 24 DE MARÇO DE 1994
Queridos Pilar e José:
ontem Mário Soares almoçou aqui conosco,
felizmente tudo correu bem. Com ele estavam
António Alçada Baptista[31] e José Aparecido
de Oliveira.[32] Ele me disse que almoçou com vocês
na casa de Tias, falou maravilhas do almoço,
da casa e da ilha.
Está marcado nosso encontro em Paris, para
Zélia e para mim será uma alegria imensa estar
com Pilar e contigo.
Beijos de Zélia, abraços afetuosos do velho amigo
Jorge Amado

6 de abril — José Saramago, *Cadernos de Lanzarote*[33]
**Pelo andar da carruagem em que vamos, os correios do século XXI
serão a perfeita imagem do caos. Estava eu aqui estranhando com os
meus botões ter sido necessária a atenção carinhosa de Jorge Amado para
finalmente saber que em dezembro do ano passado me tinham admitido
na tal Academia Universal das Culturas, de Paris, quando
o certo foi o presidente dela, Elie Wiesel, me ter escrito em 18 de janeiro
a informar-me de que eu havia sido cooptado, acrescentando, fórmula
diplomática consagrada, mas gentil, que esperava que eu aceitasse
juntar-me a eles. Simplesmente, essa carta nunca chegou aqui, e se vim
a ter conhecimento dela foi porque a secretária-geral da Academia acabou
por estranhar o meu silêncio e decidiu manifestar-se, enviando cópia
da comunicação do presidente. Simplesmente, uma vez mais, a carta dela,
posta no correio, em Paris, no dia 4 de março, só ontem chegou
às minhas mãos... Perguntar-se-á que diabo de importância encontro
eu num episódio, ao parecer irrelevante, para vir a correr registá-lo
aqui, e eu respondo que lhe encontro toda a importância, pela muito
evidente razão de que isto é um diário e estes acontecidos estão
acontecendo. Diariamente.**

SALVADOR, 18 DE ABRIL DE 1994
Queridos Pilar e José, junto vai matéria publicada em *O Globo*, de ontem.
A presença de José na vida brasileira — e não só na vida cultural — cresce a cada dia. Desde os tempos de Ferreira de Castro,[34] que possuiu grande público brasileiro, nenhum escritor português teve no Brasil tantos leitores e tantos admiradores entusiastas. Acima do prestígio que Ferreira de Castro alcançou em seu tempo e que José alcança nos tempos de hoje, apenas permanece, eterno, o grande Eça de Queiroz.[35]
Não sei se José é devoto do autor de *Os Maias*;[36] eu o sou, devotíssimo.
Dia 1º de maio, Zélia e eu tomaremos o avião de Recife para Lisboa.
A 3 e 4, participaremos de um Congresso de Escritores Ibero-Americanos; e a 5, pela manhã, tomaremos o avião para Madri onde falarei, à tarde, na Real Academia Espanhola. Esperamos estar em vossa casa de Paris no dia 8 de maio.
Abraços, beijos e saudades de Zélia e do velho amigo. Cada vez mais, Jorge Amado
P.S.: Esqueci de agradecer a citação, agradeço em postscriptum, sabe melhor.

---

31 António Alçada Baptista (1927-2008), advogado e romancista português.

32 José Aparecido de Oliveira (1929-2007), político brasileiro.

33 José Saramago, "Diário II". In: *Cadernos de Lanzarote*, op. cit.

34 José Maria Ferreira de Castro (1898-1974), escritor português.

35 José Maria de Eça de Queiroz (1845-1900), escritor português.

36 *Os Maias*, romance de Eça de Queiroz.

LANZAROTE, 20 DE ABRIL DE 1994
Queridos Zélia e Jorge, acabo de chegar de um rápido "tour" de conferências por Madrid, Valência e Palma de Maiorca e encontro o vosso fax, de que já me havia falado Pilar, desta vez a guardar a casa. Tomamos nota de que contam estar em Paris naquele dia 8 de maio que combinámos. Por nossa parte, chegaremos a 2 e partiremos a 9 para Praga. Seria uma pena se nos desencontrássemos.
Junto vai uma nota auspiciosa de *El País*. Vamos a ver se a Academia Sueca se decide desta vez.
Sobre o Eça, onde está o bárbaro capaz de não reconhecer a grandeza desse senhor, até agora não igualada?
Todos os carinhos do mundo dos vossos Pilar e José.
José Saramago

SALVADOR, 22 DE ABRIL DE 1994
Queridos Pilar e José, nosso encontro do dia 8 de maio está de pé, ansiamos vê-los, matar as saudades. Em verdade chegaremos a Paris no dia 7, no final da tarde. Já poderemos atender o telefone a partir das 20h30 do dia 7. Se puderem, nos chamem.
Obrigado pela nota de *El País*: já tive essa ilusão, quando jovem escritor. Já não a tenho, ainda bem.
Todo o carinho de Zélia e do amigo Jorge Amado.
Beijos de Zélia

José Saramago

Querida Zélia e Dr/r/.
Atual, não puderam ir à Bahia.
Pilar, no regresso de Praga, não se encontra bem, e o médico Sr. Ze parecer
que seria preferível uma viagem
tão longa e fatigante. Ficamos em
Frankfurt, mas a prudência manda assim.
Junto a notícia e a carta de

Vaclav bloh. Snad nevad, a improvised
poze soukrom.

Prosim srdecne pozdrav
sve sourozence.

Jozef

Lausanne
24. V. 54

8 de maio — José Saramago, *Cadernos de Lanzarote*[37]
Em casa de Jorge Amado. Conversa comprida, assuntos todos, sobretudo Brasil. Em certa altura vieram mais uma vez à baila as probabilidades de um Nobel para a língua portuguesa... Jorge diz que há quatro candidatos: Torga, João Cabral de Melo Neto, eu e ele próprio. Expõe as razões por que, em sua opinião, nem ele nem Torga podem esperar vir a receber o enguiçado prémio. Depois explica por que, entre João Cabral e mim, tenho eu maiores probabilidades. Não participo. Limito-me a escutar, divertido e incapaz de acreditar que semelhante coisa venha a suceder algum dia. À despedida, já com um pé no elevador, e por ideia de Zélia e Pilar, firmamos um pacto risonho: se um de nós ganhar, convida o outro a estar presente...

LANZAROTE, 24 DE MAIO DE 1994
Queridos Zélia e Jorge,
afinal, não pudemos ir à Bahia. Pilar, no regresso de Praga, não se sentiu bem, e o médico foi de parecer que seria prejudicial uma viagem tão longa e fatigante. Ficamos com pena, mas a prudência mandou mais.
Junto a notícia e a carta de Vargas Llosa.[38]
Como verão, o impossível pode acontecer.
**Abraços muito grandes, sem esquecer Paloma.
José**

---

[37] José Saramago, "Diário II". In: *Cadernos de Lanzarote*, op. cit.

[38] Vargas Llosa (1936-), escritor peruano.

"Os *Cadernos de Lanzarote* encantaram-me. Os comentários não cabem num fax apressado. Ajudam a medir a estatura do cidadão que escreve romances, que recria a vida."
jorge e zélia

[PARIS,] MAIO DE 1994
Queridos Pilar e José, acabamos de receber
o cartão de 24. Pena ter gorado a viagem à Bahia,
ficará para quando lá estivermos. Poderemos
então recebê-los e acarinhá-los.
Depois de Portugal andamos ceca e meca,
terminamos em Londres, estada cansativa.
Esperamos ficar em Paris até agosto.
Os *Cadernos de Lanzarote* encantaram-me.
Os comentários não cabem num fax apressado.
Ajudam a medir a estatura do cidadão que
escreve romances, que recria a vida. Além do
mais, as referências, estou inflado.
**Beijos de Zélia para os queridos, abraços
afetuosos do velho Jorge**

PARIS, 17 DE JUNHO [DE 1994]
**De Zélia e Jorge Amado
Para Pilar e José Saramago**
Queridos amigos,
transmitimos, junto a este, página de *O Globo*,
do Rio, onde o nome de José é citado.
Andamos aqui chateados, pois Jorge não está
podendo trabalhar com problemas na retina. Anda
às voltas com oftalmologistas e uma bateria de
exames. Vamos ver que bicho dá.
**Beijos de Zélia e abraços afetuosos.
Zélia, Jorge**
P.S.: Não conseguimos passar pelo fax o recorte
de *O Globo*, de 8 de junho, embolou tudo.

39 António Lobo Antunes (1942-), escritor português.

40 José Saramago, "Diário II". In: *Cadernos de Lanzarote*, op. cit.

41 Sully Prudhomme (1839-1907), poeta francês. Recebeu o primeiro prêmio Nobel de Literatura em 1901.

42 Liev Tolstói (1828-1910), escritor russo.

43 Émile Zola (1840-1902), escritor francês.

SALVADOR, 21 DE SETEMBRO DE 1994
Queridos José e Pilar,
não sabemos, Zélia e eu, se vocês já estão em Lisboa para o Parlamento dos Escritores ou se ainda estão na vossa ilha. Na mensagem que enviei para a reunião de Lisboa disse que pedira a José Saramago que, ao aprovar as conclusões, se as aprovar, o fizesse também em meu nome.
Estaremos na Bahia até março, a não ser que tenhamos que acompanhar o casal a Estocolmo. Aliás, por falar em Estocolmo, um telefonema de Nova York ontem me fez saber que o próximo prêmio Nobel será o escritor português Lobo Antunes.[39] Apesar da afirmação ser categórica, tenho dúvidas — aposto noutro romancista, também português.
**Beijos de Zélia, saudades do leitor e amigo,
Jorge Amado**

21 de setembro — José Saramago, *Cadernos de Lanzarote*[40]
Regressado à Bahia, escreve-me Jorge Amado a pedir que o represente no Parlamento Internacional de Escritores, no caso de haver conclusões, o que é pouco provável: esperemos, sim, que venham a tomar-se decisões capazes de transformar-se em ações. De caminho, diz-me que recebeu de Nova York a informação (categórica) de que o Nobel deste ano será para Lobo Antunes. A fonte da revelação, colhida não se sabe onde, é um jornalista brasileiro que, pelos vistos, bebe do fino. Já sabemos que em Estocolmo tudo pode acontecer, como o demonstra a história do prémio desde que o ganhou Sully Prudhomme[41] estando vivos Tolstói[42] e Zola.[43] Bom amigo, Jorge insiste que o seu favorito é outro. Não falta muito para sabermos. Quanto a mim, de Lobo Antunes, só posso dizer isto: é verdade que não o aprecio como escritor, mas o pior de tudo é não poder respeitá-lo como pessoa. Como não há mal que um bem não traga, ficarei eu, se se confirmar o vaticínio do jornalista, com o alívio de não ter de pensar mais no Nobel até ao fim da vida.

SALVADOR, 23 DE SETEMBRO DE 1994
Queridos Pilar e José, provavelmente vocês já devem estar em Lisboa, mas José está sempre no Brasil. Ainda ontem, nós lemos seu artigo sobre Lisboa, na *Folha de S.Paulo*.
Aproveito para também [dar] a minha "declaração de voto" para as eleições de 3 de outubro.
Beijos de Zélia para Pilar e você, e um abraço afetuoso do Jorge Amado

LANZAROTE, 25 DE SETEMBRO DE 1994
Queridos Zélia e Jorge,
só na terça-feira é que vou para Lisboa, não mais que o tempo da reunião do Parlamento de Escritores. Ali, com todo o gosto, e honra também, te representarei, no caso de serem votadas conclusões. Depois, volto a casa para sair outra vez daí a dois dias. A Santiago do Chile, à homenagem a José Donoso,[44] embora igualmente possa suceder que não chegue a partir. Imagina que me mandaram um bilhete que tem, como aeroporto de saída, Palma de Maiorca... Se não o corrigirem a tempo, não haverá viagem. Vamos a ver no que dará isto. Agradeço-te a confiança de nos teres comunicado a tua declaração do voto na próxima eleição presidencial. Conheço mal as circunstâncias, mas compreendo que tenhas decidido por Fernando Henrique Cardoso.[45] Ainda que não possa deixar de pensar que os males do Brasil não se curam com um presidente da República, por muito democrata e honesto que seja. E tu bem sabes, melhor do que eu, que a democracia política pode ser facilmente um continente sem conteúdo, uma aparência com pouquíssima substância dentro. Quanto à honestidade, Fernando Henrique Cardoso tem uma tarefa gigantesca à sua frente: fazer com que os maus políticos brasileiros não só passem a parecer honestos como o sejam realmente. Que mais posso

44 José Donoso (1924-96), escritor chileno.

45 Fernando Henrique Cardoso (1931-), sociólogo e político brasileiro.

dizer? Felicidades, Brasil! Não me ocorre outra coisa, mas creio que aí está tudo.

Quanto ao Nobel, como dizia o outro, seja o que Deus quiser. Talvez o Colchie[46] (foi ele o da notícia, não foi?) tenha razão: já há anos que o Lobo Antunes andava por aí a dizer (em entrevistas, em colóquios, em toda parte) que o seu objetivo era o Nobel. Continuaremos, os outros, a viver tranquilamente. Mas não há dúvida de que esse prémio é uma invenção diabólica...

Vai dando notícias dos teus olhos.

Para ambos, todos os carinhos de Pilar.

O abraço muito afetuoso do

José Saramago

P.S.: Por graça, junto uma notícia do *ABC* de Madrid...

---

[46] Thomas Colchie, tradutor e agente literário.

SALVADOR, 26 DE SETEMBRO DE 1994

Queridos Pilar e José, obrigado pelo fax e pelo recorte do *ABC*. Esperamos que vocês tenham uma boa estada em Lisboa e que a viagem para o Chile, decerto cansativa, seja agradável. Transmitam ao Donoso as felicitações de Zélia e minhas.
Quem me falou peremptoriamente sobre o prêmio Nobel e o Lobo Antunes foi um jornalista, meu amigo, que esteve no Brasil durante sete anos como correspondente do *New York Times* — como bom jornalista mal informado, a meu ver. Depois que recebi seu fax, o Colchie me falou e eu perguntei a opinião dele sobre o assunto: ele acha que o Lobo Antunes deseja muito, mas que tem pouca chance no momento; duvida que o prêmio deste ano seja dado à língua portuguesa como se anuncia. Prêmio diabólico, José tem razão.
Beijos de Zélia e meus para Pilar. Abraços afetuosos para José.
Do velho leitor e amigo,
Jorge Amado

jorge & josé
amado saramago

[SALVADOR,] [SETEMBRO DE 1994]
Querido José,
de Espanha, Alemanha, Itália, Argentina e outras distâncias pedem-me entrevistas respondendo sempre o mesmo: se o prêmio este ano for dado à língua portuguesa, o romancista José Saramago tem 45% de possibilidade; o poeta brasileiro João Cabral[47] tem 40%; Torga,[48] 14%; e Jorge, 1%. Segundo pesquisas realizadas às vésperas das eleições brasileiras e da concessão do Nobel — veja entrevista anexa.
Quanto às eleições brasileiras, tudo indica que o Fernando Henrique Cardoso será eleito no primeiro turno com maioria absoluta dos votos válidos.
Acabo de receber um pequeno livro de Rui Simões, *Depoimento sobre Saramago*.[49] Já o tens?
Beijos de Zélia e meus para Pilar, e abraços afetuosos para ti do amigo.

[SANTIAGO, CHILE,] 5 DE OUTUBRO DE 1994
Queridos Zélia e Jorge,
aí vai algum material de interesse. O Parlamento[50] foi agitado por uma decisão absurda de Christian Salmon,[51] que não queria permitir a presença da imprensa, da rádio e da televisão. As razões dadas eram [ilegível], e a pior é que o Parlamento não queria estar "*sous le dictat de la presse*".[52] Protestei e declarei que me retiraria da sessão se a imprensa não estivesse presente. E retirei-me mesmo. Finalmente o senso comum ganhou e os jornalistas puderam entrar. Mas o mal já estava feito.
Estou aqui a contar os dias que faltam para regressar a casa.
**Grandes abraços,
José Saramago**

---

47 João Cabral de Melo Neto (1920-99), poeta e diplomata brasileiro.

48 Miguel Torga (1907-95), escritor português.

49 Rui Simões, *Depoimento sobre Saramago*. Salvador: Edufba, 1994.

50 Parlamento Internacional dos Escritores, realizado em Lisboa de 28 a 30 de setembro de 1994.

51 Escritor francês e organizador do Parlamento Internacional dos Escritores.

52 "Sob os ditames da imprensa."

HOTEL CARRERA

Queridos Zilda e Jorge

Aí vai algum material de interesse. O Parlamento foi agitado por uma decisão absurda do Christian Salomon, que não queria permitir a presença da imprensa, da rádio e da televisão. As razões dadas eram várias, e a pior é que o Parlamento não queria estar "sous le dictat de la presse". Protestei ~~fortemente~~ e declarei que me retiraria da mesa se a imprensa não estivesse presente. E retirei-me mesmo. Finalmente o suis-comme faudron e os jornalistas puderam entrar. Mas o mal já estava de jeito.

Estou aqui e entro a Dois no Fieldens para apurar a causa.

Grandes abraços

5·10·94   [assinatura]

LANZAROTE, 5 DE OUTUBRO DE 1994
Queridos Zelia y Jorge! Eres muy bueno, Jorge, apostando por otros, cuando todos sabemos que tu eres el primero. Lo que has hecho con el portugués y por el portugués, la luminosidad que has añadido a esa lengua y al hermoso acto de novelar, merece todo el reconocimiento. No digo el Nobel, porque cuando se habla de Literatura (así con mayúscula), me parece una ordinariez citar un premio, aunque sea el premio de los premios. Creo — es mi modesta opinión — que los premios tienen que ver con la situación y con la economía, pero no con la calidad y el gozo de la obra bien hecha. Tu tienes la calidad con premio o sin premio — y nosotros, tus lectores, el gozo de la lectura, la íntima satisfacción de reconocermos el conocerte, de ser un poco mas hondos y más universales. En definitiva, de ser más humanos por ser más inteligentes. Por supuesto, si además, te dan el Nobel, como parece tan probable, mejor que mejor. No te añadira ni un ápice de honra o de gloria, que de eso estás servido con tu obra, pero honrarás al premio. (Por lo que pueda passar, voy a estar con los dedos cruzados las próximas horas, para que los señores de Estocolmo no vayan a equivocarse, que estos errores se pagan con el divorcio entre escritores y nuevos lectores.)
Muchas felicidades a ambos por el resultado de las elecciones. Supongo que sabréis que en España, para señalar las bondades de Cardoso, se ha recurrido siempre el argumento definitivo de que "es el candidato de Jorge Amado". O sea, Jorge, que lo vas a tener que vigilar de cerca: ahora tienes que hacerlo bien para seguir su trayectoria coherentemente, por Brasil y porque tu nombre ha aparecido junto al de Jorge Amado. Será consciente de tantas responsabilidades?
José está en Chile, en el homenaje a José Donoso. Le llevo vuestro abrazo. También llevaba una serie do reseñas de prensa, para ponerlas en el correo

en la escala de Brasil, para que os llegaran antes. Ocurre que estos dias, entre las elecciones, la Feria de Frankfurt y el Nobel, el nombre de Jorge Amado ha sido uma referencia continua en los medios de comunicación, sobre todo la radio, que em España tiene una gran audiencia. Me da mucha alegría apreciar la familiaridad con que entras en las casas de mis compatriotas, la naturalidad con que se habla de ti, sin preambulos o presentaciones. Formar parte de la cotidianidad de la gente es el gran premio. Verdad? Y ese no se otorga cada año. Son muy pocos los escritores que lo consiguen. Yo conozco algunos y soy feliz por ello.
Espero que estéis bien. Hoy hace un dia maravilloso em Lanzarote. Si José estuviera aquí, sería el paraiso.
Um abrazo muy fuerte, Pilar

12 de outubro — José Saramago, *Cadernos de Lanzarote*[53]
Diz-se em Lisboa que o Nobel está no papo de Lobo Antunes. Pelos vistos, o jornalista brasileiro, conhecido de Jorge Amado, sabia do que falava. Também me dizem que Lobo Antunes já se encontra na Suécia.

[53] José Saramago, "Diário II". In: *Cadernos de Lanzarote*, op. cit.

SALVADOR, 13 DE OUTUBRO DE 1994
Queridos Pilar e José,
ainda não será desta vez que iremos, os quatro,
a Estocolmo festejar o Nobel de José: um japonês[54]
nos atropelou. Mesmo assim, podemos fazer
uma boa festa — em lugar do gelo de Estocolmo,
o sol da Bahia.
Pensamos estar aqui até os fins de fevereiro, por
que vocês não vêm festejar conosco?
Passei três dias fazendo exames na vista no Centro
Brasileiro de Cirurgia de Olhos, um extraordinário
instituto na cidade de Goiânia, em Goiás, hoje de
renome mundial. Fui fazer o controle da aplicação
do laser, tudo bem, o trabalho do professor Coscas
foi admirável, salvou-me uma parte da visão
central do olho direito. Aproveitei para estudar
com os médicos do Centro os recursos que
me possibilitarão ler e escrever. Deram-me óculos
com os quais consigo ler sem maior esforço.
Começarei, na próxima semana, a trabalhar com
um computador adaptado às minhas necessidades.
Todos aqui de casa, a começar por Zélia, juntam-se
a mim num abraço afetuoso e saudoso para vocês
dois com muito carinho.
Vosso, devoto
Jorge Amado

P.S.: Para dizer toda a verdade, devo convir que
os 950 mil dólares do Nobel cairiam muito bem no
bolso de um romancista português ou brasileiro,
pobre de marré, marré.

[54] Kenzaburo Oe (1935-), escritor japonês.

LANZAROTE, 14 DE OUTUBRO DE 1994
Zélia, Jorge, queridos amigos,
pois foi, o sol nasceu para o japonês. Quando vosso fax chegou, a cinco minutos estava Pilar dizendo-me o que já vinha dizendo desde ontem: "Vamos escrever a Zélia e Jorge", e, precisamente quando eu ligava o computador, eis que a máquina começa a produzir a vossa carta. Viva o japonês feliz, que nós quatro fazemos o possível. Não sei o que se passa aí, mas de Portugal dizem-me que por lá está toda a gente indignada. Sinceramente, acho que não vale a pena. O dinheiro é dos suecos, eles decidem do uso que querem dar-lhe. E nós não podemos viver como se a salvação das nossas duas pátrias dependesse de termos ou não prémio Nobel. Mas como cairia bem esse dinheiro!... Queres saber, querido Jorge, o que penso? Que o Nobel deveria ser-nos atribuído em conjunto, a ti e a mim, pois claro, metade para cada um. Não haveria solução melhor.
Ficamos muito contentes com as boas notícias dos olhos de Jorge. Depois do susto, só aliviado por esperanças que nunca se perderam, agora há consoladoras certezas. E se o trabalho já é outra vez possível, então tudo corre bem. Ir à Bahia? Quem sabe? Tal como as coisas estão neste momento, seria complicado, mas nunca se sabe. Pilar abraça-vos com todo o carinho e eu não lhe fico atrás, comovidamente vosso.
José Saramago

P.S.: Enquanto eu esperava que o telefone ficasse livre, Pilar falava com o presidente da Fundação César Manrique.[55] E agora diz-me que se Jorge quiser, na visita próxima à Europa, fazer uma conferência na dita Fundação, será estupendo. Caso queira, o convite seguirá em poucos dias.

[55] Fundação em Lanzarote que cuida do acervo do pintor, arquiteto e escultor César Manrique, nascido na ilha.

[SALVADOR,] 15 DE OUTUBRO DE 1994, ÀS 18H
Queridos Pilar e José,
oba! A ideia da divisão da maquia do prêmio é magnífica. Meio milhão de dólares já é uma quantia consoladora, e a honra da companhia de José daria à minha parte da láurea uma grandeza incomum. Temo apenas que os suecos da Academia, renitentes aos nossos nomes, dividam o milhão entre Lobo Antunes e João Cabral. Já imaginou? Preparo-me para voltar à escrita, agora no computador. Quanto à conferência proposta por Pilar, peço um tempo para responder. Se tivesse que responder hoje, não poderia aceitar.
Zélia e eu, João Jorge e Rizia, Paloma e Pedro,[56] numa ciranda de amizade, abraçamos vocês dois, com muita amizade. **Vosso devoto**
Jorge

[56] João Jorge Amado e Paloma Jorge Amado, filhos de Zélia e Jorge; Rizia Cotrim e Pedro Costa, então cônjuges de João e Paloma.

LANZAROTE, 6 DE NOVEMBRO DE 1994
Queridos Zélia e Jorge,
como estão vocês? Como estão os olhos de Jorge? Por aqui a saúde vai se comportando com regularidade, o que, para falar com franqueza, começa a ser inquietante... Depois da "tormenta" do Nobel, que envolveu uma meia dúzia de pessoas no mundo, o dito mundo, para não perder o costume, voltou a dar notícia das suas desgraças. Estivemos em Madrid com João Cabral, no ato da entrega do prémio[57] que lhe foi atribuído, com muita satisfação minha, que ajudei segundo o merecimento do poeta.
Tenho uma pergunta para fazer a Jorge. Como é isso da Académie Universelle des Sciences? Convidaram-me a estar presente na assembleia que se realiza em dezembro, entre 10 e 21, mas não me dizem nada a respeito dos bilhetes. Como é a norma? Os "académicos" pagam os seus bilhetes? Suspeito que sim, pois não me parece, pelo andar da carruagem, que a Académie nade em dinheiro...
Os abraços,
José Saramago

---

[57] João Cabral de Melo Neto recebeu o prêmio Rainha Sofia, atribuído pelo Parlamento espanhol e pela Universidade de Salamanca, em 1994.

BAHIA, 6 DE NOVEMBRO DE 1994, ÀS 22H
Para Pilar e José Saramago, queridos amigos,
são dez horas da noite, acabo de falar pelo telefone
com João Cabral — chegando de Espanha, vai
a Goiânia ver os médicos da clínica de olhos,
magnífica. Graças a eles, estou lendo — óculos
vindos dos Estados Unidos, e começo uma
narrativa — *A apostasia universal de Água Brusca*.
Escrevo num misto de máquina de escrever e
computador. Creio que o professor Coscas, de Paris,
conseguiu salvar o que me restava de visão central
no olho direito — não é muito, mas é melhor
que nada. No momento estou em pleno check-up
com o cardiologista. Durará até quarta-feira.
Sobre a Academia: Só compareci a uma reunião e
estava em Paris. Levaram-me e trouxeram-me de
volta a casa, de automóvel. Assim sendo, não sei se
fornecem ou não passagens aéreas. Espero que sim.
Fundada por Mitterrand,[58] a Academia, durante
o governo socialista, contava com verbas grandes.
Hoje não sei, mas penso que tem como viver. Ir sem
as passagens, parece-me pedir demais aos pobres
acadêmicos, pobres, em geral, "de marré, marré",
como se diz aqui.
**Saudades, muitas. Beijos de Zélia para os dois,
abraços do velho
Jorge**

[58] François Mitterrand (1916-96), político francês.

jorge & josé
amado saramago

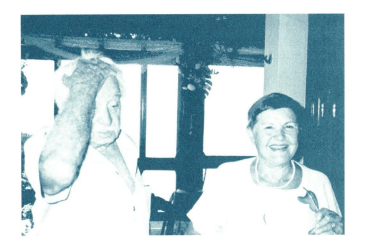

[SALVADOR,] 18 DE NOVEMBRO DE 1994, ÀS 7H
Queridos amigos,
tenho recebido por fax sucessivas pressões do nobel (nobel, ai!) Elie Wiesel, nosso presidente, para comparecer à reunião de dezembro da Academia Universal das Culturas. Passagens, necas — nem para Zélia nem para mim. Comparecimento negado devido ao inverno europeu, não fiz referência à ausência de passagens por não ser necessária. Lá não nos veremos.
Vocês sabem alguma coisa sobre o prêmio da União Latina? Houve a reunião em Roma? O prêmio foi concedido? A quem? Ou, estando a Máfia na cadeia, faltaram os recursos, como aconteceu já com o outro prêmio, quando um grande escritor português e um importante escritor marroquino foram passados para trás? Iluminem as trevas em que nos encontramos.
Segunda-feira, 21, estaremos em Goiânia, onde farei controle da vista.
Saudades muitas dos vossos, devotos, Zélia e Jorge

LANZAROTE, 24 DE NOVEMBRO DE 1994
Zélia e Jorge, queridos amigos,
chegados duma viagem de duas semanas que nos levou a Londres, Northampton, Manchester, Bristol, Vigo, Madrid e Lisboa, encontramos o vosso fax do dia 18. Sendo hoje 24, que notícias deu Goiânia da vista de Jorge? Queremos saber.
Sobre a União Latina, a reunião do júri é só em dezembro, de 12 a 14. Creio que o prémio esteve tem-te-não-caias por causa daquelas mudanças todas, mas o nosso "simpático" Stefano Rolando[59] deve ter dado as cambalhotas necessárias para não se estatelar e continuar na bendita presidência. Parece, portanto, que a Máfia não tinha rasca nessa assadura, como de certeza a tinha no prémio Mondello, de Palermo, que ainda hoje estou à espera que mandem o dinheiro.[60] Anedotas italianas. Quanto a Paris, aguardo. Até agora só me chegou o trivial, isto é, a informação de que a Academia se reúne entre 19 e 21 de dezembro, mas o que podem ter como certíssimo é que não me movo daqui à minha própria custa. Se vocês lá estivessem, seria outra coisa. Em todo o caso, se o bom senso não consiste em duas palavras vãs, o bilhete chegará.
**Abraços muito grandes, saudades muito vivas,
José Saramago**
P.S.: A tendência, desta vez, vai para o Vincenzo Consolo.[61] Votarei nele na decisão final.

---

59 Stefano Rolando (1948-), professor e jornalista italiano.

60 Em 1992, Saramago recebeu o Prêmio Literário Internacional Mondello, em Palermo, Itália, pelo conjunto da sua obra.

61 Vincenzo Consolo (1933-2012), escritor italiano, foi agraciado com o prêmio União Latina de Literaturas Românicas de 1994.

SALVADOR, 25 DE NOVEMBRO DE 1994
Queridos amigos,
obrigado pelo fax. Fico a par do que se refere ao prêmio da União Latina. Deixei com o Armando Uribe[62] o meu voto no primeiro escrutínio para a Nélida Piñon[63] e a Agustina.[64] Mas, se o Consolo chega à reta final, podes votar nele em meu nome. Se alguém merece pela qualidade da obra literária e por antiguidade, esse alguém é o Consolo (dizem-me que é viadíssimo, ou seja, voto pelo representante de uma minoria extremamente atuante em nosso tempo perturbado).
Constato que José é um otimista, pois ainda tem esperança de receber a dotação do prêmio Mondello. Não irei certamente à reunião da Academia Mundial. Não só pela falta das passagens, também e sobretudo pelo frio europeu.
Recebestes o estudo do Rui Simões sobre você?
Beijos de Zélia e meus para Pilar. Abraços afetuosos para José. Saudades, muitas, do velho Jorge Amado

62 Armando Uribe (1933-), poeta e diplomata chileno.

63 Nélida Piñon (1937-), escritora brasileira.

64 Agustina Bessa-Luís (1922-), escritora portuguesa.

LANZAROTE, 8 DE DEZEMBRO DE 1994
Queridos amigos, amanhã lá vou até Roma (desta vez, Pilar fica em casa) para ajudar a "imortalizar" um dos nossos colegas de aquém ou além-mar. Como vos disse, a tendência, este ano, é consoliana.[65] Vou defender, claro está, o meu candidato (um franciscano congênito levou-me a propor uma pessoa que pessoalmente não me é simpática...), como defenderei os autores de língua portuguesa propostos até agora: João Ubaldo[66] e Nélida, por ti, Urbano,[67] por mim — mas, claro está, sem muitas ilusões.
No momento em que escrevo, está o japonês a receber o Nobel. Coisa estranha, não me faz nenhuma mossa, é como se tudo aquilo se passasse noutra galáxia...
Afinal, a Academia Universal deu notícias. Dizem-me que tenho o bilhete no aeroporto, um bilhete Madrid-Paris, o que prova, uma vez mais, que os franceses não sabem geografia. Reclamei e espero que resolvam o problema a tempo. O pior é que me pediram o resumo da conferência que, tempos atrás, mais ou menos anunciei que daria (com a esperança de que não dessem atenção ao caso), e agora não tenho outro remédio que subir mesmo à tribuna. *Alea jacta est*,[68] como disse o outro.
Recebi o estudo do Rui Simões. Gostei enquanto se manteve no campo estritamente literário,
mas lamentei que ele tivesse achado necessário ou oportuno entrar em questões que nada têm que ver com a literatura, que pertencem ao meu foro íntimo, a minha vida particular. Foi uma falta de gosto, para não dizer que é uma falta de respeito. Enfim, nada disto tem importância, mas neste caso viria muito a propósito citar o ditado antigo: "Quem sabe da tenda, é o tendeiro". Rui Simões não sabe do que fala.
Darei notícias do conclave quando regressar de Roma, no dia 15.
Beijos nossos para Zélia, de Pilar para Jorge (e por que raios não damos todos beijos e abraços uns aos outros, sem distinção de sexos?)...
José Saramago

65 Vincenzo Consolo.

66 João Ubaldo Ribeiro (1941-2014), escritor brasileiro.

67 Urbano Tavares Rodrigues (1923-2013), escritor e jornalista português.

68 "A sorte está lançada."

jorge & josé
amado saramago

Manuscrito por Jorge Amado reenviando o fax para Nélida Piñon:

Querida Nélida, chegando à Bahia encontro o fax junto de Saramago, onde fala sobre o famoso processo. Mando-te cópia. Um beijo, Jorge

[SALVADOR,] 16 DE DEZEMBRO DE 1994, ÀS 23H
Queridos amigos,
obrigado pelo fax. O nosso caro Armando Uribe me comunicou a vitória do Consolo — vitória justa, parece-me. Dei a notícia à Nélida, acrescentando que no primeiro escrutínio ela havia tido teu voto e o meu. Respondeu-me que o teu voto já era em si um prêmio.
Não li a plaquete do Rui Simões, estava na fila para ser lida. Retirei-a da fila, não tenho nenhum interesse em ler certo tipo de análise dita literária, em realidade extraliterária.
Estivemos em São Paulo, Zélia e eu, participando de um seminário sobre "Cultura e Desenvolvimento". Abri o seminário com um discurso sobre o problema da cultura brasileira que teve enorme repercussão. Meu discurso precedeu a conferência do presidente eleito, FHC, na qual ele apresentou o projeto cultural de seu governo.
No dia 20 chegará aqui para uma estada de dez dias, a convite da Fundação Casa de J. A., Jack Lang, acompanhado de sua esposa Monique. São bons amigos nossos. Quando teremos Pilar e José?
Beijos da Zélia para os dois e abraços afetuosos do velho
Jorge

LANZAROTE, 24 DE DEZEMBRO DE 1994

ZÉLIA, JORGE, QUERIDOS AMIGOS (E TODOS OS QUE LÁ ESTEJAM).

TODAS AS FELICIDADES DESTE MUNDO, TODA A ALEGRIA, ET NUNO ET SEMPRE.
DESTA ILHA DE LANZAROTE, COM O MAR POR MEIO MAS COM BRAÇOS TÃO LONGOS QUE ALCANÇAM A BAHIA, NÓS, E OS MAIS QUE AÍ ESTÃO, PARENTES E AMIGOS, ADMIRADORES TODOS, VOS ENVIAMOS MUITO SAUDAR E VOTOS VALENTES CONTRA AS COISAS NEGATIVAS DA VIDA.

Pilar
José Saramago
M2N2
Juanjo
Carmela
Oddny
JAVIER

SALVADOR, 23 DE DEZEMBRO DE 1994
Recebam, queridos amigos, nossos votos de
paz e alegria para 1995 com um novo e grande
romance de José, e quem sabe iremos de vossos
acompanhantes a Estocolmo para aplaudir
o romancista Saramago.
Saudades, muitas
Zélia e Jorge

LANZAROTE, 24 DE DEZEMBRO DE 1994
Zélia, Jorge, queridos amigos
(e todos os que lá estejam).
Todas as felicidades deste mundo, toda a alegria,
et nunc et semper.[69]
Desta ilha de Lanzarote, com o mar por meio,
mas com braços tão longos que alcançam a Bahia,
nós, e os mais que cá estão, parentes e amigos,
admiradores todos, vos enviamos muito saudar e
votos valentes contra as coisas negativas da vida.
Pilar
José Saramago
[**Seguem as assinaturas de: María del Río,**
Juan José Cuadrado (irmã e filho de Pilar), Carmélia
e Otília (amigas portuguesas) e Javier Pérez
(cunhado de Pilar).]

69 "Agora e sempre."

"Desta ilha de Lanzarote,
com o mar por meio,
mas com braços tão longos
que alcançam a Bahia,
nós, e os mais que cá
estão, parentes e amigos,
admiradores todos,
vos enviamos muito saudar
e votos valentes contra as
coisas negativas da vida."
josé e pilar

jorge & josé
amado saramago

BAHIA, [15 DE FEVEREIRO DE 1995]
Queridos Pilar e José, vosso fax de hoje nos deu muita alegria. Já estávamos carentes de notícias. Aqui vamos, sem novidades maiores. Faz um calorão de quarenta graus à sombra e estamos em véspera de carnaval, ou seja, a loucura solta. Amanhã vamos a Goiânia, onde me sujeitarei a mais uma revisão da vista. Espero que o resultado continue sendo positivo como os anteriores. Estaremos na Bahia até o dia 3 de março. No dia 6, tomaremos no Rio o navio *Funchal* que levará treze dias a nos conduzir a Lisboa, onde ficaremos até 25. De 26 de março a 1º de abril, tenho compromissos na Espanha. Na primeira quinzena de abril, tenho consulta com o professor Coscas em Paris. Depois será a Itália: Taormina em fins de abril, Pádua, Milão, Veneza, na primeira quinzena de maio. Espero poder, após a maratona, trabalhar no livro da *Apostasia* do qual escrevi umas dez páginas aqui. A ideia é tentadora — luta pelo poder entre os grandes senhores feudais, os coronéis, e a alta hierarquia católica. Falta-me resolver os problemas da narrativa propriamente dita.
Vejo que José está bem mais avançado no romance, já que "o caminho está finalmente aberto". Grande notícia que nos deixa felizes e, a mim, um tanto quanto invejoso.
A Zélia terminou o romance dela, *Crônica de uma namorada*. Uma crônica terna e simples da vida de uma família paulista nos anos 50. Acertou com a Record a edição para a Bienal do Livro, em agosto. Regressaremos ao Brasil para o lançamento, espero trazer comigo todo o começo do romance. Será? Sentimos muito a morte do Torga.[70] Não posso dizer que tenhamos sido amigos, mas mantivemos sempre boas relações.
As saudades são muitas, quando nos veremos?
Beijos, Pilar, abraços, José, com todo o bem-querer de Zélia e Jorge

---

70 A morte de Miguel Torga ocorreu a 17 de janeiro de 1995.

LANZAROTE, 21 DE FEVEREIRO DE 1995
Queridos amigos,
gostaríamos de saber como vai a vida por aí,
a vista de Jorge, o trabalho de ambos. Cá na nossa
ilha as coisas seguem, salvo a chuva, que devia
cair e não cai. Imagino que os turistas estarão
encantados, mas a agricultura sofre, ela que desde
há muito tempo está reduzida de alimentos.
Comemos de importados.
A reunião da Academia das Culturas não teve
história. Encontrei gente com quem terias apreciado
conversar, mas há demasiada reserva, como se
todos estivessem impacientes por que soubesse o
encontro, para irem a vida. Instituições como
esta, se não se justificam pela ação, tornam-se
lugares de pouca conversa. Já com a reunião
do Parlamento Internacional dos Escritores foi
o mesmo.
Continuo a empurrar o romance. Depois de me ter
metido em quantidade de becos sem saída, julgo
que o caminho será dificilmente aberto. Mas ainda
tenho muito que penar.
O Torga lá se foi. Nunca estive com ele. Nunca
trocamos uma palavra, apesar disso, esta morte
doeu-me muito. Talvez porque o que está a
morrer seja uma certa maneira de ser Portugal...
Abraços, beijos
José Saramago

LANZAROTE, 27 DE FEVEREIRO DE 1995
Querida Zélia, querido Jorge,
está meio difícil. Na altura em que vocês irão a Espanha, nós também lá iremos, mas só por dois dias em Alicante (27 e 28), aonde certamente não ireis. Depois, em Itália, estamos a primeira metade de abril, e em maio começamos por Inglaterra, a seguir Espanha e finalmente (finalmente é uma maneira de dizer) em Portugal, para a feira do livro, e ainda dizem que o mundo é pequeno: é tão grande que não vamos conseguir encontrar-nos nos tempos mais próximos. O que acho que teria graça seria vocês, tendo que viajar para este lado do charco, virem a Lanzarote. Viam a feira, davam conferências (cada um a sua) e iam daqui com projetos de voltar. Isso sim que seria bom. Esperamos pelo livro de Zélia enquanto não se [ilegível] o de Jorge. Dez páginas já são um avanço, e a ideia é estupenda: suponho que o tema nunca foi tratado antes. Somos um exemplo para a juventude, anciãos (Zélia não, Zélia é uma mocinha) que não contam nem os anos nem o trabalho, que não dizem: "Já vivi o que tinha que viver, já fiz o que tinha que fazer".
Todos os abraços,
José, Pilar

FUNCHAL, 15 DE MARÇO DE 1995
Pilar e José: passando em frente a Tenerife, rumo a Lisboa, a bordo do navio *Funchal*, Paloma e Pedro juntam-se a Zélia e a mim para mandar um abraço saudoso aos queridos amigos.
**Vosso, devoto,
Jorge Amado**

**30 de março — José Saramago, *Cadernos de Lanzarote*[71]
Nos cinco metros de "faxes" que estavam à nossa espera em casa, encontrámos a informação de que Jorge Amado ganhou, por unanimidade, o prémio Camões. Finalmente. Este fruto precisou de uns quantos outonos para amadurecer... O que me alegra é pensar que o voto dos jurados brasileiros não terá sido dado com mais entusiasmo que o dos portugueses. E atrevo-me a suspeitar (para não dizer que o tenho por certo) que do Brasil foi que vieram, em anos passados, os obstáculos a um prémio que chegou manifestamente fora do horário da tabela. Vale mais tarde do que nunca, dirá o otimismo daqueles que nunca sofreram injustiças. Mas esses não podem saber quanto elas doem.**

[71] José Saramago. "Diário III". In: *Cadernos de Lanzarote*, op. cit.

LANZAROTE, 3 DE ABRIL DE 1995
Querido Jorge, querida Zélia, finalmente o Camões[72] para quem tão esplendidamente tem servido a língua dele! Será preciso dizer que nesta casa se sentiu como coisa nossa esse prémio? Que pessoalmente me sinto orgulhoso do comportamento dos portugueses que passaram pelos júris, e em especial os de agora? Sirva isto de compensação para as decepções e as amarguras que outros causaram a Jorge.
Tantas vezes estamos ou passamos por Madrid, e não tivemos o gosto de assistir ao ato da Casa de la América.[73] Pela descrição que Juan Cruz dele fez em *El País*, deve ter sido do mais saboroso.
Este fax vai para o Brasil, porque não temos o número de fax de Paris. Esperámos até hoje porque vocês tinham dito que estariam em Espanha até o dia 1º. Portanto, telefonámos ontem e hoje para a rue Saint-Paul, mas ninguém respondeu. Queríamos comunicar a nossa alegria de viva voz. Assim, as palavras, para chegarem onde vocês neste momento estão, devem precisar de dar meia-volta ao mundo, mas nem por isso as tereis menos carinhosas.
Parabéns, aplausos, abraços, muchos, muchos, Pilar
José
P.S.: Afinal, Pilar tinha o número do fax de Paris!
2º P.S.: Pelo sim, pelo não, vai também para a Bahia.

---

[72] Jorge Amado recebe o prêmio Camões de 1995.

[73] Jorge Amado apresentou *Navegação de cabotagem* e *A descoberta da América pelos turcos* na Casa de la América, em Madri, em 28 de março de 1995.

LANZAROTE, 10 DE JULHO DE 1995
Querida Zélia, querido Jorge, em primeiro lugar, a satisfação por sabermos que Jorge está bem. Depois, ainda que atrasados, os parabéns pelo aniversário de Zélia, e também, mas estes a tempo, pelo livro dela que vai sair, *Crônica de uma namorada*. Esperamos, com antecipado prazer, o relato, sentimental pelo título, adivinhando que não só de sentimentos (imediatos) se tratará. Também vão, duplicados, os parabéns pelo prémio Camões. O pior é que isto de prémios não é raro que tragam um ressaibo de amargura, e o Camões, não sendo exemplar, é exemplo. Tanta miséria moral mal escondida, tanta inveja, tanto desejo de morte por trás das fachadas compostas de muitos que, num dado momento, vão ser juiz e sentença. Não obrámos nós assim quando estivemos no júri da União Latina. E certamente assim não obrei eu quando me bati pelo prémio Rainha Sofia para João Cabral... Meu querido Jorge, viveste mais e mais intensamente do que eu, sabes como muitas vezes é difícil (ou terrivelmente fácil) compreender certos comportamentos humanos. Quando estiveres a receber o prémio, pensa só nos teus leitores, são 'eles que valem a pena.
Creio entender o que se passa com o teu romance. Quando a ideia inicial de uma narrativa nos parece clara, claríssima, óbvia até, é quando mais vamos ter de sofrer para encontrar-lhe o bom caminho. Nunca sofri tanto, eu, como neste *Ensaio sobre a cegueira*, tão simples, aparentemente, que podia ser explicado em meia dúzia de palavras. Já tenho a meta à vista, mas o que me custou só eu sei. Não te digo que teimes — é o que tens feito toda a vida —, digo-te que não temos outra sina que pelejar com as palavras, e se é certo que elas sempre acabam por ganhar, ao menos que não fiquem a rir-se de nós. Esperamos, Pilar e eu, que um dia, nas vossas conversas, um dos dois diga: "E se fôssemos

passar uma temporada a Lanzarote? Lá também se almoça e janta, mas não há coquetéis nem recepções, e dizem que em matéria de vulcões não há melhor...". Enquanto não chega esse dia, ficam as saudades e os abraços.
Carinhosamente,
José Saramago

Rosa e espinho — José Saramago[74]
Prémios são rosas, e este Camões que enfim vai ser entregue a Jorge Amado, de tão puxado e empurrado, de tão reclamado e negado, por muito rosa que dele se pretenda fazer, não esconde um duro e doloroso espinho. A Jorge já eu disse que pense somente nos seus leitores quando lhe puserem o Camões nas mãos, que continue a pensar neles quando chegar à altura dos abraços e dos telegramas de parabéns, todos sinceros certamente, e por isso de agradecer. Mas, por muitos que eles sejam, os parabéns e os abraços, sempre serão uma parte pequena em comparação com os aplausos dos leitores que Jorge Amado tem no mundo em que se escreve (e lê) a língua portuguesa. Esses já lhe tinham dado o prémio. Agora o que o júri fez foi estar de acordo.

BAHIA, 13 DE AGOSTO DE 1995
Queridos Pilar e José,
estamos no Brasil desde 26 de julho, numa corrida infernal. Chegamos ontem de Ilhéus, viajaremos para o Rio e São Paulo dia 15 e voltaremos a 31, quando os estaremos esperando na Bahia.
Muito obrigado pelas palavras de José do *Jornal de Letras*.
P.S. manuscrito de Jorge Amado: Saudades, muitas.
Beijos de Zélia, abraços afetuosos do amigo Jorge

[74] Texto de Saramago publicado no *JL* (Lisboa, 19 jul. 1995).

"Estamos vivos, ainda bem, e eu recomeço hoje o trabalho no romance, do qual tenho exatamente dez páginas escritas. Espero que, ao menos, o trabalho me ocupe esses dias de velhice — velhice não é coisa que preste."
jorge e zélia

[SALVADOR,] [1º DE SETEMBRO DE 1995]
De Zélia e Jorge Amado
Para Pilar e José Saramago
Fax: (34-28) 833-999
Pilar e José, queridos: de volta à Bahia, após quinze dias de maratona no Rio e São Paulo, encontramos vosso fax de 20 de agosto, obrigados. A 19 de agosto Zélia assinou seu novo livro, um romance, na Bienal do Livro, no Rio; e a 24, repetiu o sucesso (grande) em São Paulo. Programas de tevê, rádio, entrevistas aos jornais, almoços, jantares, o diabo a quatro, chegamos na última lona, buscamos descansar um pouco, mas já a 14 deste Zélia assinará seu livro aqui na Bahia. Além de cansados, arruinados. A intervenção do Banco Central no Banco Econômico (onde estava aplicado todo o nosso dinheiro) deixa-nos de bolso vazio: ainda existe leve esperança de recuperação, a cada dia menor. Estamos vivos, ainda bem, e eu recomeço hoje o trabalho no romance, do qual tenho exatamente dez páginas escritas. Espero que, ao menos, o trabalho me ocupe esses dias de velhice — velhice não é coisa que preste.
Aguardamos com ansiedade de leitores ávidos o *Ensaio sobre a cegueira*. E esperamos vossa vinda à Bahia, em novembro, pois aqui estaremos à vossa espera. Não pensamos ir à Europa durante o inverno (europeu). Aqui vos esperamos, repito em meu nome e no de Zélia. Subscrevo, com alegria, a proposta de José da candidatura do nosso magnífico Eduardo Lourenço[75] à AUC.[76] José pedirá a Pilar que coloque meu nome na proposta: e vocês me avisem para que eu envie um fax para a madame secretária-geral.
Fico por aqui, vou experimentar o estranho aparelho (meio máquina de escrever, meio computador) que a Olivetti preparou para minha "curta visão" — assim os oftalmologistas designam os ceguetas como este vosso amigo.
Saudade de Zélia, muitas. E minhas, não menores.
Jorge

---

75 Eduardo Lourenço (1923-), escritor português.

76 Académie Universelle des Cultures.

LANZAROTE, 6 DE SETEMBRO DE 1995
Queridos Zélia e Jorge,
por uns amigos que estiveram na Bahia tivemos vaga notícia de que algo se tinha passado com um banco e que vocês, de certa maneira, haviam sido afetados. O que estávamos era longe de imaginar que o dano atingisse as proporções que se deduzem da vossa carta. Não é a altura de fazer considerações sobre o sistema capitalista, mas a verdade é que estamos nas mãos deles. Uma coisa fica clara aqui: não somos ricos, mas se vos podemos ser úteis, não tendes mais que dizer. Tomamos lugar na fila dos vossos amigos que certamente já vos disseram palavra semelhante.
Se realmente formos ao Brasil, estaremos aí caídos, palavra de Pilar e palavra de José. Esperamos que [ilegível] antes disso encontre o vosso problema solução e possamos encontrá-los mais contentes do que é possível estar agora. E que o novo livro tenha crescido algumas vezes as dez páginas que tem neste momento.
Quanto à questão do Eduardo Lourenço, pergunto a Jorge se há alguma fórmula para a apresentação de candidaturas. O tempo já é escasso, mas quero tentar. Tem Jorge ideia de um ou mais outros membros da Academia que também quisessem subscrevê-la?
Toda solidariedade, toda amizade, todo carinho,
Dos vossos,
José e Pilar

Texto manuscrito de Jorge Amado (com a resposta), digitado no fax seguinte.

SALVADOR, 6 DE SETEMBRO DE 1995
Queridos José e Pilar,
obrigados, Zélia e eu, pelo fax solidário — leio hoje nos jornais que um banco nacional e um estrangeiro desejam assumir o Econômico. Enquanto esperamos solução, boa ou ruim, vou batucando devagar na máquina de escrever. Não sei o que sairá mas, ao menos, ocupo o tempo e me divirto.
Quando vocês estarão em São Paulo? Pergunto porque, a 4 de novembro, iremos apadrinhar em São Paulo o casamento de uma neta.
Estaremos lá de 4 a 8, depois novamente Bahia.
Sobre a candidatura à AUC: José deve escrever à madame Barret-Ducrocq propondo a candidatura do nosso Eduardo, com alguns dados sobre ele. Informe que eu subscrevo a indicação. Vou ver na relação de acadêmicos — creio que tenho uma cópia aqui — quem poderia subscrevê-la conosco, mandarei vos dizer.
**Beijos de Zélia e abraços afetuosos e gratos dela e do velho amigo,
Jorge Amado**

BAHIA, 9 DE SETEMBRO DE 1995
Bom dia, José. Estivemos ausentes devido ao feriado de Sete de Setembro. A proposta para a AUC, ótima.
Não encontrei aqui a lista dos membros.
Vou, porém, enviar fax à madame Ducrocq apoiando tua proposta.
Beijos de Zélia e meus para Pilar. Saudades, tantas.

SALVADOR, 6 DE OUTUBRO DE 1995
Queridos Pilar e José,
ontem, em certo momento, meu neto Jorginho (onze anos) chamou nossa atenção para o fato de que na televisão estavam falando em nossos nomes — no de José e no meu. Fizemos atenção, Zélia e eu, o locutor reclamava que o prêmio Nobel não tivesse sido concedido a um de nós dois. Foi assim que fiquei sabendo que o Nobel deste ano foi outorgado ao poeta irlandês Seamus Heaney.[77] Vocês conhecem a poesia dele? Confesso que não conheço, minha ignorância não tem limite.
Quando vocês estarão em São Paulo? Nosso calendário próximo é o seguinte: estaremos na Bahia todo o mês de outubro; a 3 de novembro iremos para São Paulo, onde ficaremos até 7; a 8 iremos para Goiânia (controle médico dos olhos); a 10 de novembro devemos, em princípio, estar de volta à Bahia.
**Muitas saudades, beijos de Zélia, abraços do velho amigo, vosso amigo,
Jorge Amado**

[77] Seamus Heaney (1939-2013), escritor irlandês.

Jorge Amado

Rua Alagoinhas 33, Rio Vermelho, 41940-620, SSA, Bahia, Brasil, fax: (071) 245-2133

```
                FAX SIMILE
    Para: Pilar e José Saramago
    Fax: (00 34 28) 833999
    De: Zélia e Jorge Amado
                    Salvador, 06.10.95
```

Queridos Pilar e José,

Ontem, em certo momento, meu neto Jorginho (11 anos) chamou nossa atenção para o fato de que na televisão estavam falando em nossos nomes - no de José e no meu. Fizemos atenção, Zélia e eu, o locutor reclamava que o Prêmio Nobel não tivesse sido concedido a um de nos dois. Foi assim que fiquei sabendo que o Nobel deste ano foi outorgado ao poeta irlandês Seamus Heaney. Vocês conhecem a poesia dele? Confesso que não conheço, minha ignorancia não tem limite.

Quando vocês estarão em São Paulo? Nosso calandario proximo é o seguinte: estaremos na Bahia todo o mes de outubro; a 3 de novembro iremos para São Paulo onde ficaremos até 7; a 8 iremos para Goiania (controle médico dos olhos); a 10 de novembro devemos, em princípio, estar de volta a Bahia.

Muitos saudades, beijos de Zélia, abraços do velho amigo

Jorge Amado

"Pena que vossa viagem para São Paulo tenha sido suspensa. Já estávamos enfeitando de alegria a casa do Rio Vermelho para vos receber." **jorge e zélia**

LANZAROTE, 7 DE OUTUBRO DE 1995
Queridos Zélia e Jorge,
quando Jorge for centenário e José estiver à porta disso, ainda Jorginho, então homem-feito, dirá que na televisão se falou dos dois patriarcas a propósito do Nobel... Saber-se-á depois que o prémio foi para um irlandês genial que pouquíssima gente conhecia e de que os luso-parlantes, ignorantes ambos, nunca tinham ouvido falar. De geografia, Estocolmo sabe tudo, menos onde ficam Brasil e Portugal...
Afinal, a projetada viagem ao Brasil ficou sem efeito. Aliás, as datas não coincidiriam, pois estava previsto estarmos em São Paulo e Porto Alegre no último terço de novembro. Iríamos nós a Bahia, mas terá de ficar para outra vez.
Jorge também recebeu carta de Elie Wiesel para que se pronunciasse sobre a questão dos ensaios nucleares franceses? Como eu nesse dia estava *cabreado* (como se diz aqui em Espanha), despachei à AUC o fax que vai a seguir a este. Nada diplomático, como vereis.
**Abraços e beijos de Pilar, beijos e abraços meus.
José**

SALVADOR, 11 DE OUTUBRO DE 1995
Queridos Pilar e José, achei ótima a mensagem de José para a Academia Universal das Culturas sobre as experiências nucleares da França.
Pena que vossa viagem para São Paulo tenha sido suspensa. Já estávamos enfeitando de alegria a casa do Rio Vermelho para vos receber.
**Beijos da Zélia, abraços meus com muita saudade. Vosso amigo,
Jorge Amado**

BAHIA, 8 DE NOVEMBRO DE 1995
Queridos,
no avião em que voltávamos de São Paulo para a
Bahia, hoje, lemos a notícia da concessão do prêmio
Camões a José. Venho de chegar em casa e, antes
mesmo de enviar esse fax para vocês, com o nosso
alegre abraço de parabéns, atendi a um pedido
do sr. Luiz Sergio Fernandes, correspondente da
agência Lusa (fax que segue em cópia junto a esta,
para que vocês leiam). Mais uma vez queremos
que vocês saibam que estamos felicíssimos com
o prêmio.
Beijo de Zélia e abraços afetuosos,
Jorge

De Zélia e Jorge Amado
Para Pilar e José Saramago
Parabéns, querido José, pelos prêmios recentes,
o inglês e o português. Nós estamos contentes da
vida, sabemos que outros virão ainda maiores.
O telefonema de Estocolmo a que se refere Ballester[78]
para nos honrar a todos nós que escrevemos a língua
portuguesa, melhor dito as línguas portuguesas.
Beijos afetuosos para Pilar dos amigos,
Zélia e Jorge

[78] Gonzalo Torrente Ballester (1910-99), escritor espanhol.

LANZAROTE, 21 DE NOVEMBRO DE 1995
Querida Zélia, querido Jorge,
chegaram os abraços, especiais entre tantos
que também vieram, alguns do Brasil, como foi
um telegrama do vosso ministro da Cultura.[79]
Este Camões não me apanhou inteiramente
desprevenido, algum zum-zum me tinha já
chegado aos ouvidos, mas não que eu lhe desse
crédito. Em nenhum momento da vida, desde que
o prémio existe, me passara pela cabeça que um dia
poderiam dar-mo. Aí está ele, para alegria minha
e dos meus amigos, e raiva de uns quantos
"colegas" que não querem admitir que eu existo...
Ao Jorge, agradeço do coração as palavras
de excessiva generosidade com que comentou o
acontecimento. Se se confirmar a intenção de que
o prémio seja entregue no Brasil, pelo presidente
Cardoso, poderemos enfim estar juntos, e
então o meu abraço a vocês dirá tudo o que não
entra nesta carta.
**Todo o carinho de Pilar. De mim, já sabem, o afeto
e o respeito que essas duas "bonitas pessoas"
merecem.**
José

BAHIA, ANTEVÉSPERA DE NATAL, 1995
Caros Pilar e José, somente após o fim da greve
dos correios, há poucos dias, recebemos o livro
de José. Iniciamos em seguida a boa leitura, nem
sempre fácil, por vezes cruel, Zélia primeiro, logo
Jorge. Assim chegamos ao fim do ano, vencendo
a cegueira.
Receberam o livro de Zélia?
Feliz 1996, com sucesso e leitores, paz, alegria e
bom trabalho.
Vossos amigos,
Zélia e Jorge

79 Francisco Weffort (1937-).

Lanzarote, 4 de Janeiro de 1998

Querida Zúlia, querido Jorge,

Chegou hoje, finalmente, o romance de Zélia d'Aparecida, aqui numa embalagem um tanto esfarrapada, como se pode dos correios. Tinha querido saber que Namorada era essa que vinha dentro. Tanto a Jorge agradecem e vão ler à vez. O que tiverem p[...] porque (aqui está a outra notícia sabida hoje) [...] ao Brasil para José receber o Prémio Camões, que lhe ser[...] dia 30 deste mês pelo presidente Fernando Henrique Cardoso. [...] Brasil desembarcarão finalmente (está por saber [...] prometido e tantas vezes adiado.

Todo o carinho,

José

de Zelor e J.A.
para Pilar e José Saramago
003428 833999

Obrigados pelo fax, dando notícia de chegada do livro de Zelor. Já tomámos de entregar do prémio a 30 de Janeiro, em Brasília. Estamos estudando a possibilidade de fazer a comparecimento [...] Saímos hoje de Salvador [...] confirmamos a ida para a festa do Camões. Beijos de Zélia, abraços do J.A.

LANZAROTE, 24 DE DEZEMBRO DE 1995
Querida Zélia, querido Jorge,
para essa maravilhosa família, mil votos de felicidade, de saúde, de sorte, com o abraço fraterno e solidário dos Saramagos, a Pilar e o José.
Faltou-nos um presente de Natal, o livro de Zélia ainda não chegou...
Pilar,
José

LANZAROTE, 4 DE JANEIRO DE 1996
Querida Zélia, querido Jorge,
chegou hoje, finalmente, o romance de Zélia! Apareceu aqui com embalagem um tanto esfarrapada, como se alguém dos correios tivesse querido saber que *Namorada* era essa que vinha dentro... Pilar e José agradecem e vão ler à vez. O que tiverem para dizer, [ilegível] de viva voz, porque (aqui está a outra notícia sabida hoje) viajarão ao Brasil para José receber o prémio Camões que lhe será entregue no dia 30 deste mês pelo presidente Fernando Henrique Cardoso.
E, indo ao Brasil, desembarcarão finalmente (está por saber o dia) na Bahia, para o abraço prometido e tantas vezes adiado.
Todo carinho, José
Rascunho de Jorge para o fax abaixo, que seria enviado em seguida.

SALVADOR, 5 DE JANEIRO DE 1996
Queridos Pilar e José,
obrigado pelo fax, dando notícias da chegada do livro de Zélia. Já sabemos do jantar com o presidente Fernando Henrique a 29 e da entrega do prêmio a 30 de janeiro, em Brasília. Fomos convidados e esperamos comparecer. Sairemos hoje de Salvador para um repouso de quinze dias. Deveremos estar de volta a partir de 20 de janeiro, quando confirmaremos nossa ida a Brasília.
Beijos de Zélia, abraços do velho Jorge

Duas palavras sobre José Saramago[80]
José Saramago é um dos grandes ficcionistas da língua portuguesa (das línguas portuguesas), situa-se entre os maiores. Não sendo um escritor fácil é, no entanto, um escritor extremamente popular. Seus romances — *Memorial do convento*, *Jangada de pedra*, *O Evangelho segundo Jesus Cristo*, *O ensaio sobre a cegueira* — são best-sellers no Brasil e em Portugal, seu público se multiplica de livro para livro.
O romancista português não se projetou apenas no Brasil. Seus livros vêm sendo traduzidos para as línguas mais importantes. Com as traduções, a obra de Saramago projetou-se internacionalmente; o romancista português é hoje um dos mais reconhecidos mestres da ficção contemporânea.
Sou leitor de Saramago há muitos anos e há muitos anos somos amigos. Nos encontramos nas mais diversas esquinas do mundo, numa convivência cada vez mais cordial e alegre.
Que dizer mais? Quero dizer ainda que José Saramago é o feliz marido da sevilhana Pilar, tão radical espanhola que ainda não fala português. Uma mulher bela, inteligente, culta, apaixonada. Já que falo na mulher de Saramago, termino falando na minha, dona Zélia. Também ela é leitora entusiasta dos romances do mestre português; sofreu com a leitura cruel do *Ensaio sobre a cegueira*, não largou do livro antes de chegar à última linha. Estamos felizes, Zélia e eu, de passearmos Pilar e José nas ladeiras do Pelourinho.

Jorge Amado

[80] Jorge Amado, "Um amigo que encontro nas esquinas do mundo". *O Globo*, Rio de Janeiro, 2 fev. 1996.

[81] José Saramago, "Diário IV". In: *Cadernos de Lanzarote II*. São Paulo: Companhia das Letras, 1999.

[82] Na verdade, Mercado Modelo.

[83] Lilia Moritz Schwarcz (1957-), historiadora e escritora brasileira.

3 de fevereiro — José Saramago, *Cadernos de Lanzarote II*[81]
Diário de viagem de Pilar:
Antes que Jorge Amado e Zélia nos recolhessem para mostrar-nos
a sua casa, fechada nestes dias por culpa de uma praga de cupim que
afeta a estrutura da construção, passámos, como bons turistas, pelo
Mercado Moderno,[82] dois andares completos de ofertas autóctones, para
impaciência de José e delícia de Lili[83] e de quem isto escreve. José, fiel ao
seu gosto, comprou uns bonecos de barro, Lili e eu, infiéis por excelência
(em matéria de compras, entenda-se), lançámo-nos com voracidade
às lojinhas de rendas, chapéus de palha, vestidos enrugados, à maneira da
Bahia, sandálias feitas à mão... Ternas futilidades para os amigos, que
agora vamos ter que levar durante o resto da viagem. Com os vendedores
falámos tanto, de política, de música, de futebol, que, em alguns casos,
para assombro dos nossos maridos, acabávamos despedindo-nos com
beijos na face, como se fôssemos velhos camaradas. Assim são
as coisas nesta parte do mundo, onde o importante não é o que se vende
e o que se compra, mas sim sabermo-nos vivos, ao menos por hoje,
donos absolutos do tempo, e este tempo empregado na festa que é a
conversação e a comunicação humana.
A casa do Rio Vermelho, que começou por ser o cenário onde se
desenrolaria parte da vida dos protagonistas Zélia e Jorge, erigiu-se em
estrela de si mesma, estrela de caráter, capaz de subtilezas e matizes,
suave, forte e poderosa como os seus habitantes. Rodeia-a uma pequena
selva domesticada, minúscula se a compararmos com a Amazónia,
mas imensa para os nossos europeus e surpreendidos olhos. Algumas
árvores já ali estavam, outras foram plantadas pelo casal, mais por Zélia,
que tem as mãos com que todos os jardineiros sonham, transmissoras
de energia e entusiasmo. Mais além a casa, a gruta do tesouro, quadros
e esculturas trazidos dos cinco continentes, misturadas as melhores
assinaturas com o anonimato de um enternecedor artesão de aldeia.
A entrada da casa está presidida por uma grande e sensual Iemanjá,
suspensa no alto, quase tocando o teto, porque no reino dos Amado as
sereias voam e os pássaros olham-nos, serenamente, do fundo das águas.
Zélia, no seu próximo livro, vai contar as histórias desta casa, os
encontros de amigos, as tertúlias, o ir e vir de tanta gente que, como
nós, quis aproximar-se dos amigos (os escritores queridos fazem
parte do nosso imaginário afetivo) que ali vivem. Contará Zélia as
anedotas geradas pela passagem de tanta gente, como naquele dia em
que surpreendeu uma turista encostada à sua cama, e o marido, pobre

dele, a fotografá-la... "É que o meu sonho era dormir na cama de Jorge Amado", disse, numa inábil desculpa, tendo em conta a pessoa a quem estava descobrindo o "adultério", não, por imaginário, menos real e continuado.

Por trás da casa, num pavilhão separado, estão o escritório e a biblioteca onde se guardam primeiras edições de livros que são parte da história do Brasil e da literatura, e traduções para mais de cinquenta idiomas que tornaram possível que a este homem — e também a Zélia — os possam ler em qualquer canto do planeta. Na realidade, neste escritório só trabalham a secretária e o fax. Zélia tem uma mesita no seu quarto, e ali, rodeada de toda a sua intimidade, desvela-se a si mesma — e Jorge só escreve em Paris, aqui não o deixariam, nem ele poderia: o espetáculo que se mostra aos seus olhos, o mar, as árvores que se veem crescer, e esta terra tantas vezes contada, são uma tentação irresistível. Menos mal que nos resta Paris, pode o escritor dizer, parafraseando o Bogard de Casablanca, menos mal que existe Paris, dizemos nós, os seus leitores.

A Fundação Jorge Amado está no Pelourinho, zona de Salvador considerada Património da Humanidade pela Unesco, paisagem dos livros de Amado. Está ainda em organização, mas cedo será uma espécie de Casa do Povo da Bahia, uma casa de cultura para investigadores, leitores e escritores. Dali irradiará, não só a obra de um escritor, mas também a forma de estar na vida de uma gente concreta, com as suas luzes e as suas sombras, as suas peculiaridades, as suas grandezas e as suas frustrações. A gente que Jorge Amado descreveu e animou, tornando-a, desta forma, duplamente verdadeira. "Senhor, senhor, quer que lhe mostre a casa de um escritor muito famoso que nasceu em 1500?", disse um dia um garoto a Jorge Amado, enquanto, impaciente, o puxava pela manga da camisa para o levar à Fundação... Nesse momento, mais do que nunca, o escritor deve ter sentido a desolação de não se pertencer e a alegria de saber-se instalado no imaginário de um povo que elabora, partindo da realidade, passo a passo, os perfis da lenda.

Almoçámos perto do Pelourinho, na Casa de Dadá, um dos restaurantes preferidos dos nossos amigos. Já lá estavam Carybé, o pintor, e sua mulher, os encarregados da Fundação, os filhos de Zélia e Jorge, entre outras pessoas. Enquanto esperávamos (na Bahia sempre se espera, mas não importa) o banquete prometido, Carybé pôs-se a rabiscar numa toalha, que, claro está, guardarei para sempre. Escreveu Carybé por baixo de um desenho de Dadá: "Não é possível que o Saramago que soltou a península Ibérica passe fome aqui", e todos os comensais

jorge & josé
amado saramago

103

com o mar por meio

assinaram, unindo-se ao divertido protesto. Apesar de um indiscreto rasgão e das manchas de comida, esta toalha é uma joia.

O dia terminou em Santo Amaro, onde, como diziam os autocolantes que as pessoas levavam e que conservamos, "vi e ouvi Caetano em Santo Amaro". Há uns anos, José e eu ouvimos Miguel Ríos em Granada: "Volto a Granada, volto ao meu lar", cantava o roqueiro, e o som (todo ele) era tão cálido, tão de dentro, que José escreveu um artigo para o *Diario 16*, intitulado "Alegria do português que foi a Granada", em clara alusão à canção de Miguel Ríos, de regresso à sua terra, e a Rafael Alberti, que escreveu, quando do assassínio de Lorca, aquele memorável poema que se chama "Nunca fui a Granada".

Em Santo Amaro, repetiram-se aquelas emoções. Cantava Caetano Veloso no lugar onde nasceu, na praça de uma cidade em festa. Esperavam-no os seus, a sua imensa família, as pedras das ruas, também aqui animadas, e as janelas das casas, todas elas repletas de ansiosos ouvintes de Caetano. E dos amigos de Caetano, porque o artista, como oferta de surpresa, apresentou os seus amigos, Gilberto Gil entre eles, que contribuíram, com os seus diferentes ritmos, para tornar maior a noite. A um lado do palco, majestosa, uma anciã de cabelo branco recolhido permanecia, elegantemente sentada, atenta aos músicos e aos espectadores. Olhávamo-la hipnotizados. Era dona Canô,[84] a mãe de Caetano, um pouco a mãe de Santo Amaro, animadora de todas as caridades, confidente de penas (as alegrias apregoam-se) e distribuidora da porção de paz de que todos precisamos para poder sobreviver. Também é uma excelente cozinheira, mas aqui "falta-lhe" a generosidade: ela, que dá de comer a quem tem necessidade ou a quem procura o prazer do gosto, emudece quando se lhe fala de revelar os seus segredos culinários. Muitas editoras brasileiras lhe pediram que escreva as suas receitas, mesmo os seus próprios filhos, todos magníficos gastrónomos, desconhecem o toque mágico que cada prato cozinhado por dona Canô encerra. Eu creio que o elixir da sabedoria, na cozinha como na vida, é a generosidade. Talvez por isso ela não possa revelar nada: os pratos, simplesmente, saem-lhe assim, porque os faz para outros, com amor.

[84] Claudionor Viana Telles Velloso (1907-2012), mãe dos cantores Caetano e Maria Bethânia.

"Queríamos agradecer-vos, uma vez mais, tudo quanto de belo e de bom recebemos do vosso carinho durante esses inesquecíveis dias brasileiros. [...] desejamos que haja mais ocasiões para estarmos juntos e partilhar do manjar supremo que é a amizade." **josé e pilar**

LANZAROTE, 11 DE FEVEREIRO DE 1996
Querida Zélia, querido Jorge,
quisemos, do Rio, comunicar convosco, mas não tínhamos os números de telefone: nem o de Paloma, nem o do apartamento onde vos refugiastes da onda venenosa que se espera deixe a vossa casa livre dos atentados do cupim... Queríamos agradecer-vos, uma vez mais, tudo quanto de belo e de bom recebemos do vosso carinho durante esses inesquecíveis dias brasileiros. Queríamos dizer-vos, também, que desejamos que haja mais ocasiões para estarmos juntos e partilhar do manjar supremo que é a amizade.
Algo mais, querido Jorge, te queria dizer e venho dizê-lo agora. Quando estava no Rio de Janeiro, fui informado de que havia aparecido no *Jornal do Brasil* uma notícia segundo a qual eu, um dia, em Frankfurt, me teria referido a ti em termos de pouca ou nenhuma consideração, chamando-te "romancista de mulatinhas"... Precisarei de jurar que se trata de uma falsidade absoluta? Precisarei de dizer que a pessoa que sou nunca falaria daquela maneira desdenhosa de qualquer colega, mesmo que se tratasse de um inimigo, e que é inimaginável que o fizesse a respeito de alguém a quem sempre admirei e considerei, como homem e como escritor? Falei acima de cupins e ondas venenosas. Não é apenas a tua casa que está a sofrer... Esta calúnia (que o foi em todos os sentidos) magoou-me profundamente, e penso quanto vos terá magoado, a ti e a Zélia. Não compreendo por que me escolheram a mim para te ofenderem a ti. Tantas foram as coisas boas que trouxe do Brasil, mas não me deixaram vir sem a vergonha de passar pelo que não sou. Paciência. Sem culpa, peço-te desculpa. Nada mais posso dizer.
Um grande e triste abraço,
José Saramago

FUNCHAL, EM ÁGUAS PORTUGUESAS,
24 DE MARÇO DE 1996
Queridos Pilar e José,
após doze dias de maritimidade, passando ao largo das ilhas Canárias, recebo via João Jorge,[85] da Bahia, notícias de vocês. Autorizo, com muito prazer, a publicação da foto referida e de qualquer outra, nem é preciso pedir.
Dentro de dois dias estaremos em Lisboa, onde ficaremos no Hotel Atlântico por uma semana.
Jorge e Paloma juntam-se a mim nas saudades e no carinho.
Zélia Gattai
P.S.: "Maritimidade", assim como "capitânia", são palavras de minha estima pessoal, me soam bem.

LANZAROTE, 23 DE MARÇO DE 1996
Queridos Zélia e Jorge,
as fotografias chegaram. São documentos preciosos, em particular aquela em que estamos, Jorge e eu, sentados nos degraus exteriores da Fundação:[86] a partir de agora, posso, com prova real, dizer: "Estive lá, e com ele". Uma outra fotografia, se Zélia me autoriza, será publicada em breve numa entrevista que dei ao Baptista-Bastos[87] para *A Bola*. É aquela em que aparece o casal Saramago em casa de Caetano Veloso. Pode ser? Por estes dias chegará aí o terceiro volume dos *Cadernos de Lanzarote*.[88] Não é para ler, é só para folhear e parar quando apeteça.
Pilar manda beijos e abraços. Eu abraço e beijo depois dela.
José Saramago

---

85 João Jorge Amado.

86 Fundação Casa de Jorge Amado, no Pelourinho, em Salvador.

87 Armando Baptista-Bastos (1934), jornalista e escritor português.

88 José Saramago, *Cadernos de Lanzarote: Diários III*. Lisboa: Caminho, 1996.

Para José Saramago
Tel: (34-28) 833-999
Envia Zélia Gattai
À bordo do M.S. Funchal, cabine 19

Funchal, em águas portuguesas, 24 de março de 1996

Queridos Pilar e José,

Após doze dias de maritimidade, passando ao largo das ilhas Canárias, recebo via João Jorge, da Bahia, notícias de vocês. Autorizo, com muito prazer a publicação da foto referida e de qualquer outra, nem é preciso pedir.

Dentro de dois dias estaremos em Lisboa, onde ficaremos no Hotel Atlântico por uma semana.

Jorge e Paloma juntam-se a mim nas saudades e no carinho.

Zélia Gattai

Maritimidade, assim como Capitânia, são palavras de minha estima pessoal, me soa bem.

"Não têm metro
que chegue para medir
a estatura de um
escritor chamado Jorge
Amado […]" **josé**

jorge & josé
amado saramago

LANZAROTE, 9 DE OUTUBRO DE 1997
Querido Jorge,
não há nada a fazer, eles não gostam de nós, não gostam da língua portuguesa (que deve parecer-lhes sueca...), não gostam das literaturas que em português se pensam, sentem e escrevem. Não têm metro que chegue para medir a estatura de um escritor chamado Jorge Amado, para não falar de outros bastante mais pequenos, no número dos quais a voz pública insiste em pôr-me. Temos de aprender a nada esperar de Estocolmo por muito que nos venham cantar loas ao ouvido.
A experiência de injustiça a que tens estado sujeito durante anos e anos deve levar-te, imagino, a encolher os ombros diante destas contínuas provocações suecas. Mas aqueles que, como eu, veem, em ti nada mais nada menos que o Brasil feito literatura, esses indignam-se com a já irremediável falta de sensibilidade e de respeito dos nórdicos.
Enfim, vamos vivendo e trabalhando. Isso é que conta. O mais é Academia Sueca...
Para ti e para Zélia, todo nosso carinho.
José

Mensagem manuscrita de Pilar
Un beso fuerte para los dos. Quede como consuelo que Amado y Saramago tienen muchos amigos, algunos de ellos García Márquez[89] y Carlos Fuentes,[90] que estes días están en España y no han dejado de insistir en vuestos nombres, antes y después de conocerse el nombre de Fo.[91]
No podéis tenerlo todo: la amistad, el amor, el respeto, el reconocimiento... Y el Nobel.
Tenéis lo mejor.
Hasta pronto.
Pilar

[89] Gabriel García Márquez (1927-2014), escritor colombiano.

[90] Carlos Fuentes (1928-2012), escritor mexicano.

[91] Dario Fo (1926-2016), escritor e ator italiano.

[Aqui se encerrou a troca de cartas entre os amigos Jorge e José.

    A saúde de Jorge estava cada vez mais precária, o coração sofreu novos abalos, passou por cirurgias. A visão foi se perdendo mais rapidamente do que era esperado. O fato de não poder ler e, consequentemente, escrever (já que nunca conseguiu criar ditando a outra pessoa), jogou o escritor brasileiro numa depressão profunda. Não saía, passava os dias deitado num cadeirão na sala, com os olhos fechados. Esta situação durou até sua morte, no ano de 2001.
    Aconteceu, ao longo desse tempo, de retomar o poder sobre si, quando algo muito extraordinário acontecia. Então parecia que era ligado a uma tomada de 220 volts e sua energia de general voltava com força total, conversava, ditava artigos, dava entrevistas, pedia comidas especiais — que não podia comer —, queria saber dos amigos. Infelizmente esses episódios, bem raros, não duravam mais do que 24 horas.
    A 8 de outubro de 1998, Zélia sentou-se a seu lado, coçou sua cabeça e, com o entusiasmo que não cabia em seu peito, disse ao marido que seu amigo José vinha de ganhar o prêmio Nobel. Finalmente justiça fora feita. Como num passe de mágica, um milagre luso-sueco, Jorge pulou do cadeirão, chamou Paloma, pediu que se sentasse no computador que ele iria ditar, de imediato, uma nota para a imprensa.
    — Zélia, você já falou com ele e Pilar? Precisamos ligar imediatamente.
    Não estava fácil conseguir uma ligação nesse dia, certamente o assédio em Lanzarote era grande. Ditou a nota para a imprensa, escreveu para seu amigo José e sua amiga Pilar, Zélia e Paloma também o fizeram.
    Foi para o telefone, ligou para o irmão James, dando conta da vitória do amigo, da vitória da língua portuguesa. Pediu champanhe, Zélia e Paloma brindariam por ele, que estava privado de tudo o que mais gostava. Fez a festa. Foi dormir contente.
    No dia seguinte, não quis mais abrir os olhos. Certamente sonhava em acompanhar o amigo à Escandinávia para aplaudi-lo e abraçá-lo.

Paloma Jorge Amado]

jorge & josé
amado saramago

Acabo de saber que o prêmio Nobel foi concedido ao escritor português José Saramago. A notícia me causa grande satisfação. Se alguém merece o Nobel, este alguém é José Saramago.
Ao premiar a Literatura Portuguesa através de José Saramago, um dos mais expressivos escritores do mundo contemporâneo, o prêmio Nobel finalmente faz justiça à Língua Portuguesa.
Ficamos, Zélia e eu, duplamente felizes pois, além de um grande escritor, o prêmio foi concedido a um grande e querido amigo.

SALVADOR, 8 DE OUTUBRO DE 1998
Queridos Pilar e José:
VIVA SARAMAGO!!!
Zélia, Paloma e eu estamos aqui brindando a vossa — nossa — felicidade, com este prêmio tão bem concedido.
Ditei a nota acima, pois não estou podendo escrever nem dar entrevistas, mas não poderia deixar de dizer a todos o quanto estamos felizes por esta vitória, sua pessoal e da literatura de língua portuguesa.
Todo o afeto do
Jorge Amado

Manuscrito por Zélia:
Que alegria!
Beijos para os dois, da Zélia

Manuscrito por Paloma:
Estamos comemorando com muita alegria.
Beijos para vocês de Paloma

Jorge Amado, vivo[92]

Escreverei sobre Jorge Amado como se estivesse vivo. Dizem-me que as suas cinzas foram enterradas debaixo da mangueira a cuja sombra ele gostava de acolher-se lá no Rio Vermelho, mas cinzas são cinzas, coisa nenhuma, muito mais têm pesado as palavras, e o vento igualador, cedo ou tarde, tanto levou umas como outras. Por isso, só quero falar de Jorge Amado vivo. Nem sequer da sua obra, essa a que logo lhe saltaram profetas a jurar em todas as línguas que durará mais que o seu autor. Quem tais frases escreva ou diga sabe que não arriscará nada ao enunciá-las, uma vez que, salvo se gozar de uma longevidade excepcional, já cá não estará para responder pelo augúrio quando chegar a altura de verificar até onde chegaram o acerto ou o desacerto dele. Vale isto para Jorge Amado como vale para o Eça de Queiroz ou o Machado de Assis, ou qualquer outro de talentos curtos ou largos. Atrás de tempo, tempo vem, nenhum tempo passado teve razão em tudo, igualmente a não terá nenhum tempo futuro. O pior engano dos vivos sempre foi pensar que o tempo lhes haveria de fazer justiça, que os viria a ajuizar segundo regras de apreciação tão benévolas que eles próprios as poderiam ter redigido e aprovado. Desconfiar do futuro em vida deveria ter sido o primeiro mandamento de quem, ao morrer, vai deixar obra ao mundo. Não sei se Jorge Amado, enquanto viveu, o pensou alguma vez, mas não duvido de que o está pensando agora. Refiro-me, volto a dizer, ao Jorge Amado vivo, não àquele cujas cinzas estão inumadas debaixo da mangueira do Rio Vermelho.

É minha firme convicção de que, ao contrário de uma crença geral e daquilo que a aparente evidência dos factos tem parecido demonstrar até hoje, os mortos não se retiram do mundo, mantêm-se nele desde sempre e para sempre, não pelas ossadas que deixaram ou pelas cinzas a que os reduziram, menos ainda pela insubstancialidade desses pitorescos fantasmas que precisam de lençóis para se converterem em aparição, mas pela forma invisível do que havia sido o seu corpo sólido, transformado, pela morte, em ausência. Sim, andamos por aí rodeados pelas presenças dos vivos que preenchem (preenchemos) buracos na atmosfera, mas também estamos cercados pelas presenças da ausência, a dos mortos, esses que nos legaram vazios para sempre vivos no lugar que antes ocupavam, mesmo quando de si nada mais ficou que a poeira dispersa em que se tornaram. Por aqui se vê como me é tão fácil escrever sobre Jorge Amado para dizer que está vivo.

jorge & josé
amado saramago

Todos os meus conhecidos me diziam conhecer a Jorge Amado, mas eu a Jorge Amado não o conhecia, e, como se a grave falta nada representasse para mim, pelo menos uma vez devo ter dado a impressão de que não o queria conhecer. Foi, se bem me lembro, em 1981, e eu descia, sozinho comigo mesmo, a avenida da Liberdade, quando, à porta do hotel Tivoli, vi um grupo de cinco ou seis pessoas reunidas ao redor de uma cabeça branca. A cabeça pertencia a Jorge Amado, o grupo era de jornalistas, não recordo se também algum escritor. Guinei rapidamente a direção que me levaria diretamente a eles, esgueirei-me para a berma do passeio, e quando já os havia ultrapassado e me julgava a coberto, ouço passos rápidos que se aproximavam e chamar pelo meu nome. Virei-me, era o Álvaro Salema que me dizia: "Está ali o Jorge Amado. Se quer, apresento-lho...". Respondi que não valia a pena, que não queria interromper a conversa, incomodar, ficaria para uma outra vez, além disso estava com um pouco de pressa, muito obrigado. O Álvaro Salema olhou-me com cara de não perceber, mas não fez comentários. Voltou para o grupo, e eu continuei no meu rumo. Assim são as coisas. Tiveram de passar uns largos nove anos, até 1990, para que esse rumo tornasse a cruzar-se com o de Jorge Amado. Foi em Roma, ambos fazíamos parte do júri do prémio da União Latina, mas, forçados pelo concurso de gente a uma breve saudação à chegada ao hotel, não passámos além do limiar do conhecimento. Nessa mesma noite desprendeu-se-me a retina do olho direito e, na manhã seguinte, a toque de caixa ("Nem pense em operar-se aqui", avisou-me um oftalmologista italiano que consultei, o dr. Lombroso), tive de regressar a casa para que me repusessem no seu lugar o órgão avariado. O júri decidiu sem mim, ganhou o uruguaio Juan Carlos Onetti.[93] No ano seguinte (1991), fazendo frente à poderosa candidatura de Marguerite Duras,[94] proposta e defendida por Pascal Quignard,[95] consegui, com o apoio tranquilo mas teimoso de Jorge Amado, até a rendição unânime dos restantes membros do júri, que o prémio fosse para José Cardoso Pires.[96] A amizade com Jorge Amado começou aí, pelejando, ombro com ombro, para que um escritor de língua portuguesa fosse o destinatário do reconhecimento internacional que o prémio literário da União Latina então significava. Na mesma Roma ainda por alguns anos, em Paris no domicílio da rue Saint-Paul, em Santiago de Compostela, finalmente em Lisboa para emendar a falta no sítio onde tinha sido cometida, em Salvador da Bahia, aqui e além pelo mundo, sempre com Zélia e Pilar, os amigos Jorge e José nunca precisaram de longos discursos nem de copos de conhaque para saber que se entendiam e estimavam. De outro modo não se compreenderia o pacto que, risonhamente, firmaram em Paris: aquele que viesse a ganhar o Nobel (supondo que tal sucedesse) convidaria o outro a estar presente na cerimónia. Sem inveja nem rancor. No final de 1998, Jorge Amado já não estava em condições de viajar, só por isso não o tive comigo em Estocolmo.

Um dia destes, Pilar e eu desembarcaremos na rua das Alagoinhas, a visitar Zélia e a família. Sentar-nos-emos debaixo da mangueira, no banco do Jorge, e eu levarei, para entreter a espera, *A descoberta da América pelos turcos*. Sim, não necessitam dizer-mo, o livro tem poucas páginas, não vai dar para muito, mas, sendo a obra acabada que é, pode-se voltar ao princípio uma vez e muitas, que sempre o encontraremos intacto. Se o Jorge tardar, se não vier, será apenas porque se atrasou no caminho, demorou-se a conversar com algum amigo, foi o que foi, talvez o Carybé, talvez o Calasans. Esperaremos pacientemente. Não há perigo de que não apareça. Ele está vivo.

José Saramago

92 José Saramago, *Blimunda*, n. 3, Fundação José Saramago, Lisboa, ago. 2012, pp. 22-5. Disponível em: <pt.scribd.com/document/120463796/Blimunda-N-%C2%BA3-agosto-2012#fullscreen&from_embed>.

93 Juan Carlos Onetti (1901-94), escritor uruguaio.

94 Marguerite Duras (1914-96), escritora francesa.

95 Pascal Quignard (1948-), escritor francês.

96 José Cardoso Pires (1925-98), escritor português.

Créditos das imagens

pp. 4-5, 62-3, 72, 79
Jean Gaumy/ Magnum Photos/ Fotoarena

p. 9
Pilar e Paloma – Acervo Zélia Gattai/ Fundação Casa de Jorge Amado

pp. 15, 28, 31, 45-6, 57, 76, 93, 98, 104, 109
Acervo Zélia Gattai/ Fundação Casa de Jorge Amado

pp. 25, 114
Fundação José Saramago/ Arquivo

pp. 18, 50
Micha Bar Am/ Magnum Photos/ Fotoarena

p. 19
Franco Rubartelli/ Getty Images

p. 37
Pilar e José – Acervo Zélia Gattai/ Fundação Casa de Jorge Amado

p. 55
José Carlos Vasconcelos, Jorge, José e Pilar na Embaixada do Brasil em Lisboa – Acervo Zélia Gattai/ Fundação Casa de Jorge Amado

pp. 60-1
Otto Stupakoff/ Acervo Instituto Moreira Salles

p. 69
Jorge e Zélia – Acervo Zélia Gattai/ Fundação Casa de Jorge Amado

p. 84
Desi Kegl-Bognar/ Getty Images

p. 103
Pilar e José observam o mar do Rio Vermelho – Maria Sampaio

p. 111
Jorge e José nas escadarias da Fundação Casa de Jorge Amado, no Pelourinho, Salvador – Acervo Zélia Gattai/ Fundação Casa de Jorge Amado

Copyright © 2017 by Grapiúna Produções Artísticas Ltda.
e Herdeiros de José Saramago e Fundação José Saramago

CAPA E PROJETO GRÁFICO
Kiko Farkas e Ana Lobo/ Máquina Estúdio

FOTOS DE CAPA
ACIMA João Francisco Vilhena / Fundação José Saramago/Arquivo
ABAIXO Otto Stupakoff / Acervo Instituto Moreira Salles
QUARTA CAPA Acervo Zélia Gattai / Fundação Casa de Jorge Amado

PESQUISA
Equipe do Acervo da Fundação Casa de Jorge Amado
Equipe da Fundação José Saramago

PREPARAÇÃO
Andressa Bezerra Corrêa

REVISÃO
Fernando Nuno
Ana Maria Barbosa

Dados Internacionais de Catalogação na Publicação (CIP)
(Câmara Brasileira do Livro, SP, Brasil)

Amado, Jorge, 1912-2001
Com o mar por meio: uma amizade em cartas /
Jorge Amado e José Saramago — 1ª ed. — São Paulo :
Companhia das Letras, 2017.

ISBN 978-85-359-2949-2

1. Amado, Jorge, 1912-2001 – Correspondência
2. Cartas brasileiras 3. Cartas portuguesas
4. Saramago, José, 1922-2010 – Correspondência
I. Saramago, José. II. Título.

17-05491   CDD-869.96
                                   CDD-869.6

Índices para catálogo sistemático:
1. Correspondência: Literatura brasileira 869.96
2. Correspondência: Literatura portuguesa 869.6

2ª reimpressão

[2022]
Todos os direitos desta edição reservados à
EDITORA SCHWARCZ S.A.
Rua Bandeira Paulista, 702, cj. 32
04532-002 — São Paulo — SP
Telefone: (11) 3707-3500
www.companhiadasletras.com.br
www.blogdacompanhia.com.br
facebook.com/companhiadasletras
instagram.com/companhiadasletras
twitter.com/cialetras

Esta obra foi composta pela Máquina
Estúdio em Noe Text e impressa em ofsete
pela Geográfica sobre papel Pólen Bold da
Suzano S.A. para a Editora Schwarcz em
janeiro de 2022

A marca FSC® é a garantia de que a
madeira utilizada na fabricação do
papel deste livro provém de florestas
que foram gerenciadas de maneira
ambientalmente correta, socialmente
justa e economicamente viável, além de
outras fontes de origem controlada.